超特別脳
長谷川わかの霊視検証

白石秀行

たま出版

はじめに

長谷川わかという人物は、世にも珍しい脳をもつ超能力者である。トランプを全部伏せておいて、表側の図柄が全部まちがいなく見える。過去現在未来の出来事をリアルタイムに目と耳で見て聞くことができる。当事者（「忠臣蔵」だったら大石内蔵助以下の四十七士および浅野内匠頭本人）と会話できるので、当時の事件の謎について当事者本人からヒアリングやQ＆Aができ、ディスカッションもできる。

それを可能ならしめるのは、彼女の神である。その神は、姿は見えず、長谷川わかの頭の中でアドバイスやコメントを与える。頭の中というのは、医学的には、大脳（補足運動野）上言語野のことである。そこで、おごそかな声で音声アウトプットする。

頭の天辺に十円玉を十五枚積んで、そろそろと三センチ位だけ顔の前のほうへ進め、そこから、ガイコツの中の大脳へめり込ませる——仮にそうしたと空想する。

この十円玉分のスペースが、部位的に大脳の補足運動野（ＳＭＡ）内にある上言語野に当たる（ＳＭＡ＝Supplementary Motor Area）。

ちなみに、上言語野（補足運動野）とは、大脳の頭頂部より三センチ前の位置から三センチの深さにわたって存在する。側頭部の前言語野（ブローカ野）や、後言語野（ウェルニッケ野）とは、飛び離れた全く別の位置にある。

上言語野の解剖図解説は『脳の進化』（ジョン・Ｃ・エックルス著、伊藤正男訳、東京大学出版会）に詳しいので、参照していただきたい。


長谷川わかの神、すなわち、大脳上言語野で話すものは、「神」と自称する。その場所をスピーカーとして、盛んに人間の言葉でしゃべる。そればかりでなく、その「神」がコントロールして視聴覚を制御するのか、眼と耳に、未来、過去の現象が得られる。大石内蔵助をはじめ、浅野内匠頭でも水戸光圀でも、レオナルド・ダ・ヴィンチでもソクラテスでも、楽々と会話できる。そのうえ、長谷川わかは裁縫ばかりやっていたので、こういう歴史上の人物について知識がないから、余計な知識のノイズが入らない。ゆえに、この種の方法での情報テスト上都合がよいともいえる。それで、私が参加してからの実験においては、長谷川わかを通訳として、私が出現者たちからのヒアリングおよびＱ＆Ａの全権を執った。

長谷川わかには、神でない靈のことば（ソクラテスの声など）は、耳でふつうに聞こえる。人の姿や情景も、事実を見ているように目の前に展開して、ふつうに見える。会話やディスカッションもふつうにできる。それはかぎりなくリアルで、歴史再演の場にいるように感じるのである。

超特別脳　長谷川わかの霊視検証◎目次

はじめに

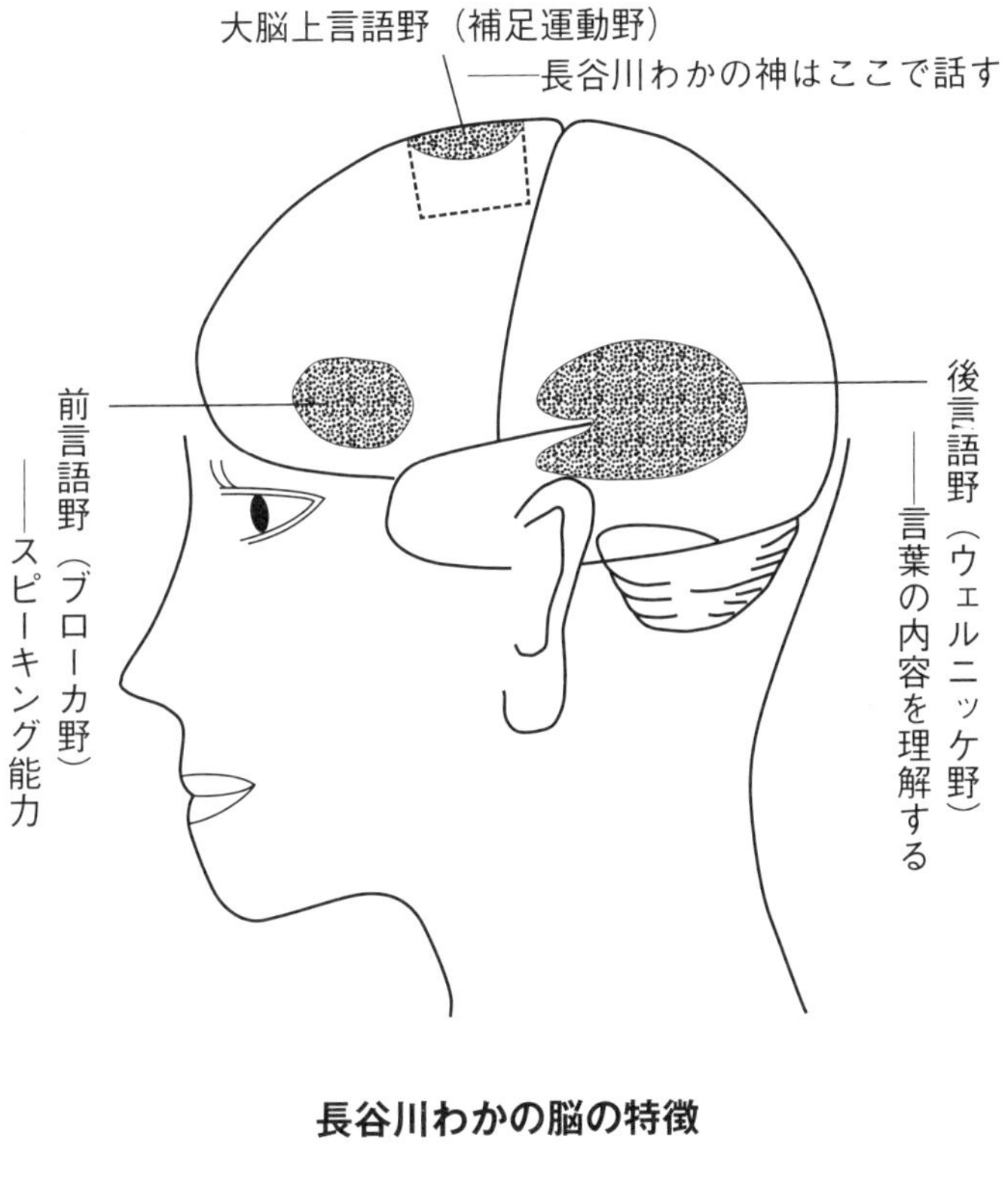
大脳上言語野（補足運動野）
——長谷川わかの神はここで話す
前言語野（ブローカ野）
——スピーキング能力
後言語野（ウェルニッケ野）
——言葉の内容を理解する

長谷川わかの脳の特徴

1――長谷川わかとの運命の出会い

◇エンジンが止まった

一九六二（昭和三七）年夏、七月二十二日の静かな日曜日、午後二時、私は、青空色でテントウ虫のような形をした後部エンジンの超軽自動車、「すばる360」を操縦して、まずは桜田門の警視庁前に出た（いつもそこをドライブの原点としていた）。快適に街を走り、J型にカーブして第二京浜国道を南下して右折し、坂を登り、東京工業大学の正門を左に見て大岡山の電車の踏切を渡った。そこで、思いもよらず「諸車進入禁止」の交通標識に出遭ってしまった。午前中、買って間もない道路地図を調べたときには通行可能で、私は《踏切を渡ってまっすぐ商店街を通過するのが一番楽で最短なルートだ》と判断して来たのだった。

そこには、左方への通行をうながす、白地に青の矢印の標識があった。

しかたがない。ハンドルを切って、左に入った。鉄道の線路脇の道は、古い枕木を柵にして大きな看板を掲げてある。広告板が全部そろって裏返しなのは、電車の乗客に見せるためだろう。

もとの方向へ戻るため、右折する道を探しながら進んだ。だが、なかなか右折できるところがない。バッテリーがあがりそうで、気になっていた。

それでも、ようやく見通しの乏しい土のままの道らしくない空き地を見つけた。ここで曲がり損なって遠くに行かされてしまっては危なくなる。

ギアをセカンドに落として、右に入り、注意しつつ進んだ。ぺんぺん草が沢山生えている。道だか空地だか、前方は少しくねっていたが、やがて、広い大きなアスファルト張りの道路につながっているのが確認できた。

道路の辻を渡りながら十分に加速し、クラッチを勢いよく踏んでギアをトップに入れ、アクセルを徐々に踏みいれながら、左のクラッチはソーッと離れる感じで……。

ところが、クラッチの切り替えが完了したと思って〇・五秒たったとき、「ストン！」と音がして、エンジンが止まってしまった。左膝が最高位置に達する五％前で、意外にも「ピッタン」という音がした。その寸前には、靴の底がクラッチバーに下向きに引っ張られるような奇妙な感触があった。靴の底にガムが付いた覚えはない。それに、桜田門の警視庁から走って来る途中、何べんも運転操作はやっているのだ。不自然なことや支障に思うことは一度もなかった。

急いでスターター・レバーを引いたが、始動しない。

《これは大変だ》と思いながら、何度もやってみたが、セル・モーターは力なくクーッ、クーッと空回りをするばかりで、ついにはウンともスンとも反応しなくなってしまった。

これは困ったことになった。バッテリーがあがったのだ。私はガッカリし、途方にくれた。

しかたがない。コンピューターによる人工知能モデルで数学の定理を証明することをやっていたK教授のお宅に伺うのは、車の修理が終わってから改めて出直そう。車を一晩この路上に置かせてもらい、明日の朝、修理会社に引き取ってもらって、バッテリーを充電してもらおう。

クラッチを切って惰性で走り、止まったのが山崎パン屋の店の前だった。よその家の玄関の前を避け、十五メートルほど押して塀に沿った道ばたに車を押しつけた。駐車禁止区間であったので、自動車の座席に入れてあった黒いノートに「故障のためやむをえず駐車。明日午前十時引き取り、交番に連絡済み」と、ペンでなぞり書きをした。警官が見廻りにきたらこのメッセージが見えるように、後部座席のガラス窓の内側にセットした。

《交番に言う前に、車をとめた前の家にも一言頼んでおこう》と思った。

それにしても、この家はちょっと変わった家だ。「長谷川わか」という大きめの表札が出ていて、焦げ茶色の高い塀が張りめぐらしてあり、右のほうについている五十センチ四方の板に、「……霊感で『神の声』に聴いて何でもわかるので、ご希望の方にはアドバイスします。よく当たります」と書いてある。料金は、一件八百円（一九六二年当時）とある。

知らない家に、こちらの都合で入って行くのは気が引ける。しかもこんな妙な家である。しかし、よその家の前に車を停める以上、許可を得なければならないだろう。入って行かねばならなかった。

私は勇気を出して門の右の木戸を開け、家に入って行った。門から家までは、十メートルほど離れていた。庭に飛び石があり、木々があり、しっとりとした地面には緑色の苔が少しばかり生えていた。

磨かれて光っている曇りガラスの格子戸の玄関の戸は、意外にも、「カラカラ」と明快な音を立てて開いた。

◎ドッペルゲンガー出現

「ごめんください」と声をかけると、「どーなーたーですかー？」と、五十半ばの婦人が出てきた。そして、生青いような、恐ろしいような目で私を見た。

「実は……」用件を言った。

変にぶっきらぼうな、威厳のようなものをもって、相手は無愛想におし黙っていた。うなずきも会釈もせず、私から一メートルくらい先の、少し高めの座敷の端につっ立っているのである。冷徹に見おろしている感じがする。

《人に対して、こんなに無機的な接し方ってあるものか？》

こちらが勝手にこっちの用事で訪問したのも悪いが、この女性の応じ方に対して、私は本気でしゃくにさわってきた。人間として意見をしてやりたくなったが、気を取り直して言った。

「あの、私は、五分ほど前に自動車でそこの辻のところから通りがかった者ですけれど、自動車が故障して動かなくなったので、明日の朝、修理工場から引き取りに来るまで、車を一晩だけお宅の前に止めさせていただきたくて、お願いに参ったのですが……」

その婦人は、私の言葉に返事をせず、相変わらず、まじまじと見下ろしながら黙っていた。

それから、ようやく口をひらいた。

「ヤッパリ、来ましたねー！」

ほんの少しかすれたような、しかし小さくはない声で、最後のところはトーンを揚げて、婦人は全然関係のないトンチンカンなことを言った。どう解しても、意味の通じないことをつぶやいた。

見も知らぬ人の家に、なんの用事もないのに「行きます」などと約束した覚えは断固としてない。「来ましたね」と言うのは、絶対に私のことではない。そのはずだ。

しっかりしているように見えるが、人は見かけによらないと言うではないか。

《一体、この婦人は何を勘違いしているのだろう?》

門の様子からして格式のありそうな家だし、この女性も発達した額をして知恵がありそうに見える。オカシイところは全然ない。それなのに、私のことを「ヤッパリ、来ましたね」などと言うのは、いったい何のことを言っているのだろう?

「いや、私はたった今、初めてお宅へ伺った者です。お宅の前の道路脇に止めさせていただきたいと思って、お許しいただきたいと思って参ったのですが、お許しいただけませんでしょうか」

私は同じ言葉を繰り返した。

「車を置くのはいいのです」

その婦人はそう言って、また黙ってしまった。

私は《路上なのに、駐車料金を請求されるのかな？》と警戒し覚悟した。まあ、しかたがない。一晩だと、道路駐車の料金として八〇〇円くらい出せばいいか。

「いえ、車を置くのは構わないんです、どうぞ置いてください」

婦人は重ねてそう言った。今度は温かみのある声だった。そして、さっきの疑い深い様子から打って変わって、急に人間性に目覚めたかのように、真摯に答えた。

「じつは、わたしはあなたがここに来るのを、三十分前から知っていたんです。ですから、〝やっぱり来ましたね〟と言ったんですよ」

今度は、違う方面でわからなくなってきた。

意味は飲み込めないが、彼女の語る態度、言葉と意味が次第に明白になってきて、私は彼女に人間性と自然さと親しみを感じはじめた。どういうわけか、信頼できる人だという気持ちが陽炎のようにゆらゆらと、この胸から直接彼女のほうへ、空間を流れ出していく感じがしたのであった。それが物理的と言っていいくらいリアルだったので、私は自分でも驚いた。

うん？　そうやって、私の情報が取られつつあるのか？

彼女によると、私が五反田あたりを走っているときに、私の映像情報が「来た」という。

ふつうだったら、そんなことは絶対にありえない。

何か不思議なことが起こりつつあった。

私が計画してここへ来たのなら、〈予見〉とか〈予言〉とかいうこともありうるだろう。しかし、私の場合は、違う場所へ向かって走行中に、自動車が急に止まったのだ。いったいどういうことなのか。

じつは、私は昨日、急に『連続群論』の質問を試みようと思い立って、いつ来てもよいと言われていたK教授のところに、予約もせず家族にも言わず、会社の人にはもともと言わず、こうしてやってきたのである。一人だけのひそかな楽しみの人工知能を含めて、数学と物理のハザマで、教授に特別の指導を受けるべく運転してきて、予期せずエンジンがストップし、教授のお宅へ行き損なってしまったところなのだった。だから、ここへ来たのは計画もへちまもない、偶然の偶然なのだ。

元来、私は、しゃべるのと文章を書くのが苦手だ。特に架空の作文は絶対的に苦手で、苦痛すら感じる。繕うために辻褄を合わせられない。しかし、事実や話された言葉を正確に記憶して、必要なディスカッションをしたり、考察したり、再現して記述することはできる。

この現象が少しでも事実でないなら、私はこれを絶対に書けない。これはすべて事実であって、興味深い、文明上重要で有益なことだと思う。ゆえにこうして書き記している。

また、超未来型の超脳型コンピューター開発技術者の参考データとして、二十五世紀の技術者に残すべしと考えて、こうして書いている次第だ。


長谷川わかという名のこの婦人は、次のように言った。

「本物であるあなたがこの玄関へ入って来る三十分前に、あなたそっくりそのままの姿が、この玄関の三和土《たたき》のところに現れたのです」

私は呆気にとられた。

「はあ……私は、生まれて初めてここへ来たのですが……。それとも、誰か私に似た人が、さっきここに居たのでしょうか？」

「いや、あなた自身の姿が現れたのです。わたしもあなたの本物に会うのは、今が初めてですけど、さっきここへスーッと現れた姿と本物のあなたの姿は、寸分も変わりありません」

「その、さっき現れた姿というのは、本当にこの私の姿だったのですか？」

「ええ。ちゃんとその、あなたの今着ているグレイの背広を着て、顔も体つきも、今立っているあなた、わたしが肉眼で見ているあなたと全く同じでした。そういう、嵩《かさ》のある（三次元の）自然の色のついた、ちゃんと生きているようなあなたの姿が玄関に現れたのです」

「……背の高さは、どのくらいでしたか？」

「背の高さもあなたとまったく同じです。身体がガッチリしているところも、瓜二つです」

「……足はありましたか？」

「足はちゃんと二本ありました」

「靴は履いていましたか？」

「黒い靴を履いていました。それ、あなたのその靴ですよ。ネクタイも同じ、粗い斜め縞の赤白青の模様のネクタイでした。さっきわたしに見えた姿と、今いるあなたとはまったく同じで、違うところはありません」


「ドッペルゲンガー」といわれる現象では、自分と同一人物が現われて、自分の姿を見るのだそうだ。そして、見た人は死ぬという。だが、今回は、他者が私を見たのである。

私の存在の端末としてのドッペルゲンガーは、存在としての〈本物〉である私に無関係に、この人物に見られるように発射されたのだろうか？

私はただ呆気にとられており、この事態の意味するところを全く飲み込めずに、しばらくの間考えを巡らしていた。何と言ったらよいのか、何を聞いたらよいか、何を確かめたらよいか、何を、どうやって客観的に調べたらよいのかわからなかった。相手も黙って何も言わない。

しばらくして、婦人はまた話し始めた。

「それで、あなたと瓜ふたつの、天然色の姿がスーッと玄関に現れたので、《これはいったい、どういうことなのかな?》といぶかしんでいると、神が『三十分すると、こういう人が玄関にやって来るぞ』とおっしゃったのです。それで、そこの柱時計を見ながら三十分近く待っていると、しばらくして、ブーッと自動車のエンジンの音が聞こえてきたものだから、《そら来たなッ!》と思って待っていました。すると、少し先のほうで『ストン!』といって車が止まった。しばらくして木戸が開いて、背広姿の青年であるあなたが庭の飛び石づたいに、ここの玄関に向かって歩いてくるのが見えたのです」

彼女は、いきなり〈神〉という言葉を使ったが、私はそれを何かの間違いだと思って無視した。

世間の婦人たちは、往々にして〈神〉とか、そういう宗教じみたような、迷信じみたことを口にするものだ。私はそんなものははなから無視することにしていた。話をしていて、どうしてもそういう神的存在が客観的に在ることが明白になったら、そのとき初めて、その意味と位置づけを考えればよい。それまでは、相手の話に〈神〉と出てきたら、自由に無視しながらやればよい。私は日頃からそう決めていた。

「あの、先程――」と私は言った。「〝あなたが門に入って、飛び石ぞいに歩いて来るのが見えた〟とおっしゃいましたが、玄関も窓も全部閉まっていましたよ。隙間から覗いていて見えたのですか?」

「いえ、座敷のここのテーブルに座っていて、戸が閉まっていても見えるのです」

私は、ピンホールのカメラ効果で庭が見えるのだろうかと思って、一生懸命に曇りガラスに映像を探したが、まったくそんな映像は映っていない。

「わざわざ、そこまで立って歩いていって窓の隙間から覗くなんて面倒なことをしなくても、ここで座ったままで、戸が閉まっていても、雨戸を閉めていても、目を開いていてもつぶっていても、夜中で電気がついていなくて真っ暗でも、そうしたことには全く関係なく見えます。庭の中をあなたが玄関に向かって歩いてくる、そのままのあなたの姿が、天然色映画のようにこちらへ近づいてくるのが見えたのです。雀が来ても見えるし、雨が降れば水たまりの様子も見えるのです」

どうやら、この人は特殊な能力で、本当に見えるのではあるまいか。

彼女は、次のように話を続けた。

「以前、断食をしたときに、医者が言うにはビタミンAが不足したと言うのですが、目が少しばかり弱くなってしまいました。でも、こうやって何でも見えるから、この肉眼の目が見えなくなっても、あまり困らないと思います。目をつぶっていても、何重にも目隠ししても、そんなのには関係なく、生活上必要なものは何でも見えるのです。耳も同じです。鼓膜をとってしまっても大丈夫だという自信があります」

重ねて言うが、私はついさっきまで、勤めの傍ら学士入学していた数学科のK教授の自宅に『連続群論』について質問をしに行くところだったのだ。たまたま道をそれてこの婦人に会ったのは、あの標識と、自分がケチして使っていたバッテリーが原因なのだ。

だが、現実にあったことを振り返って、これはひょっとすると、「神の声」というのは、本当に現実に存在することがあるのかもしれない、もしそうならば、それを持つ靈感使いを侮ることはできないと私は感じ始めていた。

「神の声」というが、神とは、へーゲルにおけるそれのごとく、国家の上位にそびえる感じのものではなかったか？　天下国家より高いレベルの現象、すなわち「神の声」が——本当にそれが真実で、驚嘆に値するものなら——日本の国家に知られず、こういう一軒家に放っておかれ、一婦人に話されるというようなものだろうか？

彼女の黒い髪は少し乱れ、広い額には哲学者のように一本の深い縦皺が彫り込まれていた。西洋骨相学的にいって、長谷川わかは発達した脳髄を持っていた。

私の車が止まったのも、その超自然科学的な諸力が私に作用したからだろうか。クラッチが変にならなければ、バッテリーなどあがっていても、エンジンさえ止まらなければ、私の車はK教授宅まで走って、質問や議論をすませて帰宅したはずだ。従って、長谷川わかなる人物とは一生出くわさないはずであった。

ともかく、科学的態度というものは、一切の先入観を捨てて、客観的に現象を観察計測して記述し、現象の根底にある世界法則を、原理を、現象発生のメカニズムをえぐりだし、解明しようとするものではないか。

それが私のとるべき正しい態度であろう。

問題は、物理学的記録の方法よりも、むしろ、特異な現象そのものが現実に起こりつつあることを、自分の肉眼、肉耳、口による質疑応答で確認し、および、現象のリアルタイム実験データ収集によって、観察・実験者内部にデータ・ベースを蓄積し、そのデータの相関連動から、現象を起こす原理機構メカニズムを判断、洞察し、反応構造を再実験し、世界構造を考えてみるという、人文学的哲学的生体情報研究のアプローチになるのだろう。ネーミングはないが、哲学生理学とでも言うべきものか。

このような超能力者のことは、誰も彼も頭から馬鹿にして、まったく問題外のこととするのが現実である。しかし、私自身が体験した、「遠隔の情報を、装置なしに脳・生体情報システムだけで取り出せる」ことが、実際に繰り返し起こるならば、馬鹿にするより、珍重して活用すべきかもしれない。〈当てごと〉や〈予言〉が九五％以上当たるのが明白ならば、尊重しなければならないだろう。

私はだんだん、自分の置かれた状況に気がついてきた。ひょっとすると、今、私は、非常に重要な人物に出会っているのかもしれない。すべての科学および脳研究者が避けるが故に、この人が生きているうちに、ひそかにデータ収集をやり終わっておく必要があるのかもしれない。

遠い未来において、人間の知りえないことを超時空で知りうるコンピューター・システムを開発する際、そのデータが役立つかもしれない。逆に、そういうことは不可能であるという証明でもよい。考察はその先の時点でもできることだ。

これから珍事件に巻き込まれることになるが、本来の勉強と時間のバランスを取り、どう調整していくかを考えなければならないだろう。これだけの超能力者は、そう世の中に出るものではない。実験して、とれるだけのデータを収集しておく必要がある。私はそう思った。

2――長谷川わかによる、大脳上言語野での神の声

◇「ちょっと、おたずねします」

私は、「ちょっと、おたずねしてみたいことがあります」と言って、上らせてもらい、玄関の左側にある控え室兼茶の間のような座敷へと上がり込んだ。

さて、相手のことをどう呼ぼうか。「あなた」というのも変だし……。とりあえず、夏目漱石の『こころ』の始まりをまねて「先生」と切り出した。

「先生の、その霊感というのは、いったいどういうものなのですか?」

先生という呼び方は私にとって冒険的だった。科学の分野の人から非難される気がしていた。だが、彼女からは自然に受け入れられた。おそらく、まわりの人たちからいつも「先生」と呼ばれているのだろう。

長谷川わかは答えた。

「わたしは、頭の中で声が聞こえるのです」

頭の中で声が聞こえる? そんなバカなことがあってよいものだろうか。

「頭の中で聞こえるのですか?」

「そうです」

「……頭の左横のほうできこえるのですか?」

「いえ、ここです、頭のテッペンのほうです」

「どういうふうに、聞こえるのですか?」

「どういうふうって、ふつうに人間がしゃべるように話しています。ただ、人が口を使ってしゃべるのでなく、しゃべっている場所はわたしの頭の中ですが。それで、わからない、聞きたいことを、自分の口に出して言ってもよいし、心の中だけで念じてもよいのですが、《こういうことを教えて下さい》と頼むと、何でもわからないことを教えてくれます」

「その、先生の頭の中でしゃべる存在は、先生が、自分では全然、夢にも知らないことをたずねても、教えてくれるのですか?」

「そうです。東京にいながら、九州、大阪、北海道のことでも、外国の昔のことでも、さっきあなたを玄関の三和土で見たみたいに見えて、同時に、神から『こうこうだ』と詳しくその場の状況について解説を受けて、教えられるのです」

「ご自分で、第六感とかでわかって、その情報を頭で考えるときに声になって聞こえるっていうんじゃないのですか?」

「そうじゃないのです。さっきも『三十分したら、こういう人がくるぞ』と、わたしの頭の中で言ったのです。わたしは、全然そんなこと思ってもいなかったし、あなたという人を知らなかった。それに、自動車に乗っている人を、わたしがここに座ったままで、自動車を故障させて、停めて、ここへ来させられますか？」

「先生は、その頭の中でしゃべる存在を〈神〉と呼んでいますが、そこのところが私には納得できません。なぜ、それが神なのですか？」

「神が、わたしの脳の中で勝手にしゃべりまくるだけなら、大迷惑で邪魔者であるだけです。現にわたしは、神とさんざんやり合って『出ていけ！』と言って、過去、何年間もケンカをしてきたのです。でも、今は『おまえ、テレビでペリー・メイスン見るんじゃないのか？　もう時間だぞ！』とか『おまえ、それを買うなら、同じデパートの四階で、同じメーカーの同じ仕様のものを、半額で時間特売始めたぞ』なんて教えてくれて、行ってみるとその通り時間特売を始めたところですし、受験のときは試験問題も教えてくれますから、とても便利なんです」

それで、長谷川わかは神と和解して、神を自分のなかに居させることになった。

3――長谷川わかの能力は、どの範囲まで及ぶのか

◇「東京にいて、九州も北海道も見えますの……」

「神の声は、頭の中で聞こえるだけでなく、ここにいながら、九州、北海道、遠い外国のことでも何でも見えて、そこでやっていることが耳に聞こえるのです。昔のことでも、未来のことでも、間違いなくわかります。ヨーロッパの大昔のことも教えてくれますし……」

「具体的に、どういうことがわかりますか?」

「たとえば、ある家で、息子がアメリカに留学して、母親がいくら電話しても出ないから、事故にあったんじゃないかって聞きにきたのです。靈感で見たら、その子はアメリカの家で外人に家庭教師みたいなかたちで教えていました。外人に教えてもらうのならわかりますが、英語ができるって程じゃないのに……。それで疑っていたら、電話がかかってきて、アメリカでは日本と違う時期が試験シーズンで、アメリカ人の友達の家に籠もって勉強していて、たまたま、そのアメリカ人は数学が弱かったから、教えていたんですって。数学

は数式でやる万国共通のもので、式が解けさえすればいいから、やさしい英語で十分なんですって。それで、難しい英語でわからない科目は逆に教えてもらって、お互いに教えあっていたとか……。それから、浮気調査もわかります。入社試験の合格もわかります」

入社試験とは、ある会社で五十人の新入社員募集に対して、約二百人の応募があったが、人事係長がまだ開けていない応募資料（履歴書、写真入りの封筒）を長谷川わかのところへ持って来て、合否の判定を依頼したものであった。彼女は、一つの応募資料に対して二、三秒ないし十五秒程度で、『これは合格、これはこうだから駄目、これは中間補欠』というように、神が言うままに三つの山に分けた。中間補欠は十人だった。これは、合格者が辞退したりする場合の補欠である。

一方、会社では、これとはまったく関係なしに筆記試験、面接試験をやって合格、不合格をきめた。最終的に決まったものを長谷川わかが判定したものと比べると、ぴったり合っていた。係長がそのことを報告に来たそうだ。

◇まるで、無線電信みたい

長谷川わかの大脳の上言語野で、人間の知らないことを教え、よいことを声で奨励する荘厳なコンサルタントである神とは何者だろうか。

「頭の中では、どういうふうに聞こえるんですか?」

「ふつうに、人間が話すように人の言葉でしゃべっています」

「男の声ですか、女の声ですか?」

「男です」

「頭の中でしゃべる声の大きさは、どのくらいですか? いま、私がしゃべっているぐらいの大きさですか?」

「いや、もうすこし、小さいです」

「声が聞こえるのは、頭の中のどの辺ですか?」

「この辺ですね。もうちょっと、この辺かな?」長谷川わかは、自分の頭部のテッペンの、ちょっと前一帯を手で触った。「どこっていうことも言えませんねえ。この辺かしら? 何かこう、この辺で聞こえますわね」

「頭の横のほうの前後ではないんですね」

「ええ、頭の前の半分の少し上のほうで聞こえます。どこだか、はっきりはわかりません。頭の中には違いないけれど」

後に何度も調べたが、長谷川わかにおいて神の声が聞こえるのは、ブローカ言語野やウエルニッケ言語野ではないようだ。参考にできる医学書が当時なくて時間を食ったが、前頭葉でもなく、最終的に、大脳上言語野(補足運動野ＳＭＡ＝Supplementary Motor Area)と、かなり確定してわかってきた。左右に偏ってはいない。また、出現し、映像として目に見える(靈視した)人間の声は、普通の会話のように耳で聞く。長谷川わかには神の姿は見えない。

「どんなプロセスで聞こえるのですか？」

「どんなふうにして聞こえるんだか……」彼女はプロセスという言葉を知らなかったが、彼女の神が仲介して意味を教えたようだ。「そうねえ。始まりはちょうど、頭の中で無線電信をやってるみたいですね。なにか、知りたいけどわからないことがあると、たずねることを言葉にして唱えます。念じてもいいです。人のことを調べるなら、その人の名前と年齢を言って、たずねたい質問を言って、目をつむったまま何も考えずにいると、普通のことであれば、二秒とか、四秒で答えが出ます。時間のかかるものだと、般若心経でも何でも唱えていると、頭の中で、神経の筋をクックックックッと引かれる状態になります。神が『まだまだ、まだまだ』と言って、ミリミリ、ミリミリと音がしています。《ははあ、私の頭は、ちょうど無線電信みたいだな》と思っていると、しばらくして、神のほうでわかったようになって、『こうこうである！』と、大きな声で言います」

ちなみに、プライバシーやセキュリティーについて、悪人が情報を聞きに来ると神は出てこないのだそうだ。複雑なことについては、神でなく三次元テレビのように当事者が出現して、当事者が解説する。ただし、出現した霊もこちら（人間側）を見られるので、むやみやたらに金庫の鍵番号などを教えないから、プライバシーやセキュリティーは十分に護られるというわけだ。

◇調査すべきか、してはならぬのか

予期せぬ車のトラブルにより図らずも長谷川わかに奇遇し、彼女の霊感について少し知った。彼女の場合、神の声のほかに、目で見えて耳で聞こえる霊視と霊聴がある。大脳上言語野で神の声を聞き、霊聴では、ふつうの霊的存在の声を聞くのである。

二日後の夜、理学部の帰りにまた「すばる360」を操縦して長谷川わかの自宅へ向かった。

前回と同じように、彼女は、玄関を入ってすぐ左のほうにある、和室の茶の間のテーブルに座っていた。

「あ、いらっしゃい」

「失礼します」

「わたしは、あなたはもう来ないと思っていたんですよ。科学を勉強する人が、急に頭の中で声が聞こえるなんて言われて、まともに信じられる人なんていませんからね。そうしたら、今日昼頃から、わたしの神が、今晩、大学の帰りにあなたがここへ見えるとおっしゃって」

一昨日出会ったばかりで、まだ親しいといえる程の関係ではない。お互いに少し遠慮があった。

神（ニックネーム、そして変数名）というべき何者かが長谷川わかの頭の中でしゃべる実態を、これから調べるのだ。彼女から聞いた話では、神の声が聞こえ、見えないはずのものが見えることは、ずっと昔からあったとのことである。

メカニズムがわからないからこそ解明が必要だ。

こういう靈感者は、一般に社会から低く評価されていて、人々は顧みない。そういうものに興味を持つのは田舎のお婆さんなどであって、私自身も、関心を持つのに少し恥ずかしい思いをしているのである。科学と哲学とに興味を持つサラリーマン学生としては、関わるべきではない世界だ。

靈感の研究をやったら、会社や仲間たちから異端視され、業務に支障を来たすだろう。

科学に興味を持つ人々や、哲学の好きな人々が問題にするわけはない。しかし、だからこそ、他の人がやらないからこそ、タブーを越えてひそかに実験し、その事実があるものならある、ないものならないということを知るべきだ。

「頭の中で聞こえる」現象は、現在の医学的な認識では幻聴の範囲のものであり、見えるというのは幻視の範囲に分類される。靈感で見えたり靈感で聞こえたりするのと、神経病の患者が幻聴で見たり聞いたりするのと、見かけ上はわかりにくい。違うところは、当たらないか、当たるかだ。

当たらなければ神経病で、一〇〇%近く当れば靈感であると定義してよいだろう。ただし、社会的な問題を生ずるようなことはあらかじめカットしておく必要もある。

長谷川わかなる人物は、いつも、その範囲で当たるのか、当たらないのか。当たるならそのプロセスはどうなのだろうか。これは、実験をして考察していく他はない。

私は、何を審《み》てもらうべきなのか。占いといえば、個人の運勢・学業・仕事・金銭・結婚などだが、私は現状に満足していて、審てもらうものは何もなかった。それに、そのような個人的で主観的なことをやっても、靈感が当たったかどうかの検定にはなるまい。靈感を可能ならしめる「神」の存在証明にもならない。

個人のことでなく、何か客観的なことを実験として審てもらい、それによって、長谷川わかを実験研究するかどうか態度をきめることにした。

4――長谷川わかの靈視はどこまで当たったのか

◇一九六二年に、一九九五年の阪神淡路大地震を予言する

さて、ともかくもテストせねばならぬ。私はそう考えた。

「あの、何か見ていただくことはできますか？」

「やさしいことです。簡単なことです。何でも見てあげますよ。何を見ますか？」

彼女はそう言うと、自分の神を祀ってあるところへ行き、二枚重ねにしてある座布団の上に座った。長谷川わかの生活ぶりは比較的質素であったが、座布団は立派で、座りやすそうだった。彼女によると、静電気の関係でそうしているらしい。

「さて、何を見ましょう？」

「そうですね。じゃあ、今後三十年のあいだに、日本で戦争がありますか？」

こうした場合、長すぎる一〇〇年間などで質問すると自分で確認できないし、情報としてぼやけて役に立たない。情報の不確定性原理みたいなものがある。〈三十年間〉と限定して聞けば、はっきりした情報になるだろうと考えたのである。

「簡単なことです」

長谷川わかは神前に向かい、私に斜め後ろの右肩を見せ、両手を合わせて拝む姿勢をとった。どうやるのかと見ていると、十秒間くらい何かつぶやいて、そのあと私に顔を向けた。

「日本で戦争は起こりません」

「……戦争は起こりませんか？　先生がそれを感じたのですか？　それとも神がそう言ったのですか？」

「『今後三十年間、日本で戦争は起こらない』って――。そう、わたしの頭の中で神が言っています」

「それなら、安心しました」

ロジカルではないが、それで終わりであった。他に聞くことはない。これで審てもらうのは終わりである。なんとなく、拍子抜けしてしまった。私は帰るために立ち上がった。もう来ることもあるまいと思った。彼女も立ち上がった、と見たら、長谷川わかは、立て膝から立ち上がりきらずに、座布団の上で動きを止めたままでいた。

「神が『戦争は起こらないが、大きな地震がある』って、そう言ってます」

「地震？　それは、先生が質問したのですか？　それとも、積極的に向こうから言ってきたのですか？」

「神のほうから言ってきました」

長谷川わかの神は、長谷川わかとは独立した人格のようだ。神格というべきなのであろうが、沈黙を旨とする一般の神と違って、しゃべるし、人間的な知性や、感情（哀れみ、怒り、歓び、同情）も持つようだ。むしろ、人格といった方が適切かもしれない。そういう神である。それは、旧約聖書における神のように活発にしゃべる。こういう現象をみると、実に妙な話だが、『旧約聖書』で神が語ったことがよくわかってくる。

だが、声のメカニズムと、神界からの地震情報取り出しのリアルタイム・データ・ベースのメカニズムと方法がわからないかぎり、私が今経験していることは、信憑性のある内容とは言いきれない。

数学で方程式を解くが、実際その方法は妙なものだ。答えが何かまだ解っていないのにXであるとする。それを変形してほどいていくと、不思議なことにカチッとわかって、検算しても合っている。

だから、これからは、神という字をXみたいな変数名だと思ってやっていくことにする。心の中で目をつぶって使う。それだけのコストで人間のわからない謎がわかったら、人間のわからないことをわかる超脳型コンピューターのシミュレーションができたら安いものだ。

その神とやらがいつまで出ているのかはわからない。すぐ沈黙してしまうかもしれない。神が出なくなったら終わりだ。そういう神の「賞味期限」は、まだわからなかった。こういう調査では、優先順位のコントロールが必要で、重点主義で真っ先に聞くべきことは聞いてしまい、データ収集を終わっておかねばならない。

「地震が起こる場所は日本のどこですか？」

「……『地震は関西のほうだ』って言ってます。『大きな地震である』って」

私は、大阪はよく歩き回ったので知っている。大阪のど真ん中で地震が起こったら大変だ。事態の大きさに、私はどう聞きだしてよいかわからなかった。初めての経験だった。

ええい、ままよ。どんどん聞け。科学から聞くことを禁じられているか？

関西といっても広いが、そこを重点主義で、ズバッと聞いてみた。

「じゃあ、大阪で地震があるのですか？」

「……『大阪の西のほうだ』って。そう言っています」

「いつ、大阪の西のほうで地震が起こるのですか？」

「……『いまから三十三年後である』って。あっ、ちょっと待って――。『いまから三十三年後に、大阪より西のところで、地震がある』って言っています」

「……地震の規模はどのくらいですか？」

大きな地震と言ったって、まさか関東大震災ほどではなかろう。霊聴が本当であるかどうかは別にして、聞くだけ聞いておくべきだった。

私は、規模の大きいほうから聞いて、下げていきながら、地震の規模を確定しようとした。

「規模はどのくらいの大きさですか？　関東大震災ほどの大きさですか？」

「……『大きな規模の地震である。相当な被害が出る』って、そうおっしゃっているわ。大変だわねえ。大阪から西のほうの人、大変だわねえ」

長谷川わかは青ざめた。

「関東大震災のようなのが、大阪より西のほうで起こるのですか？　それは、大阪からずっと離れて、山口県の先っちょの方で起きるのか、それとも、大阪に近いあたりで起きますか？」

「……『大阪に隣り合って、すぐ続いた西のほうである』って」

そっちは地図も地名もわからないが、場所を確定したかった。大阪以西のロケーションを〇～一〇〇％として、一〇％刻みに、イエスかノーかで決めていこう。そう思っていたら、彼女が自らしゃべりだした。

「……『場所は神戸と淡路島だ』――そうおっしゃっています。大阪の北部も、少し被害を受けるって。震源地は淡路島の北の沖の海底ですって」

本当にそうなるなら大変なことだ。

未来の情報を現在に取り出しうるプロセスを解明せねばならないし、情報システム、伝達メカニズムを調べて、科学的現実との接続性を掴まねばならない。

なぜ、どうやって、神は、未来の地震を知りうるのか。

通常、科学と宗教は、背反事象的に扱われる。

「しつこいようですが、質問させて下さい。関西の大阪の西のほう、つまり、神戸あたりでおこるらしいその大地震について、神の情報提供の声が聞こえているのは、ずっと先生の頭の中で聞こえているのですか？」

「そうです。頭の中です。神の声は、いつでも頭の中で聞こえます」


これでいよいよ、積極的に実験研究しなければならないはめになった。長谷川わかの神、大脳で語る存在が『三十三年後（一九九五年）、神戸と淡路島に地震が来る』という。その三十三年以内に地震学を独学し、長谷川わかの靈感について実験し、データ収集し、靈感と自然現象の関係を考察証明し、証明できたなら、その証拠を持って、地方自治体なり公的な機関に通知しておかなければならない。
この予言が事前に証明できればいいのだが。

◇脳を医学部に飾るのが科学的か

アインシュタインや夏目漱石の脳のように、長谷川わかの脳の重さを量って大学病院で保存しても、その仕組みはわからないし、スライスして将来非常に進歩するであろう電子顕微鏡で観察しても、ろくな情報は引き出せないだろう。こういうケースは、当人が生きているうち、その脳が情報プロセスを実行している間にその動態を調査し、アクセスして、反応データを収集しておくべきである。誰もこういうことを相手にしないから、私がやっておくことになる。

近年、こういう手間のかかる作業は禁止され、断絶される傾向にある。将来的には機械にやらせるという手があるが、そのときになって開発のためにデータ収集をしようと思っても、もう手おくれだ。そういう超能力者は、絶滅して世にいなくなっているだろう。だから、今のこしておかねばならない。

私は、この日本人女性、長谷川わかの特別な脳の実際をトコトンみてみようと決めた。

外国で美しく贅沢なものを多く見るより、この日本において、この優秀な人物――科学者および学識者が決して顧みない超脳のプロセスについて、細胞レベルでなく、コンテンツ重視で、情報工学的な実験ができればいい。そうして、超未来型の超脳コンピューター開発用のための参照データとして収集しておければもっといいだろう。

さらに、旧約聖書的な預言者や、宗教哲学の物理学的可能性がわかってくるかもしれない。また、邪馬台国のヒミコの在りようにも似ているから、古代史研究と歴史研究、歴史の謎の解明につながる可能性もないとはいえない。文明論の上からも貴重であろう。

◎面倒見がいいのが神の本性

長谷川わかの脳の中は、超高性能な三次元携帯電話が発生・発達したようなものだ。生体式無線インターネットみたいなものである。ゴーグル不要の、リアル・リアリティー・3Dインターゴッドというべきか。

さて、私は、引き続き彼女にたずねた。

「その頭の中でしゃべる者、神だかは、どこかへ行って調べてくるのでしょうか。調べたい相手の頭の中や、知りたい情報を持っている人の頭の中から、情報を取ってくるのでしょうか？」

「誰も知らない未来や過去のことも教えられるし、飾ってある神器について、『金属が錆びたぞ』などと、わたしも見もしない、誰も知らないことも教わります。だから、一般に、人類の頭の中に入っている記憶から取ってくるとは限らないようですね」

では、そういう物理情報はどうやって獲得されるのだろうか。

「いったい、その、先生の頭の中で話したり、何でも教えてくれる主体というのは、どういったものなのでしょう？」

「さあ、何が言うんだか……つまり神としか」

「神じゃ、どうもよくわかりません」

「そうですね。わたしのカミサマ………長谷川わか」こう言ってから、彼女は一瞬微笑んだが、突然「アッハッハッハー！」と一人で笑いだし、目に涙を浮かべた。

この突然の爆笑は、これまでの私と彼女の会話のテンポからまったく外れていた。

正直言って、私は、心と顔がひきつった。

《慎重なつもりだったが、もしかして、俺は間違ったところへ来てしまったのかもしれん。どうも、問屋がうまく卸しすぎたと思ったよ》

続けて言った彼女の弁明なしには、《やはり靈感者は、普通人と異なった精神反応があるのも当然だろう。そういう異常な突発があるからこそ霊的能力が発現されるのであろうから、仕方がない》という誤解を持つところだった。

実際には、そうではなかった。

「いま、神様におかしなことを言われたものだから」と彼女は弁明した。

「えっ？　頭の中で今、神の声が聞こえたのですか？」

「ええ」と言って、彼女は黙っている。

それは、脳神経システムの、ニューロン（神経細胞）の自己発火に基づく現象なのであろうから、やはり、声の主は、肉体としての自分自身なのだろうか。

「……『長谷川わか！』って言ったのでしょう？」

彼女は目をパチクリとしている。

「ちがいますよ！『おまえには何もわからない。ノータリンだから』だって」

驚くべき活火山だ。彼女の強烈な神と、ソクラテスの神であるダイモニオン（ソクラテスが幼少時から持っていた神で、常に禁止の形で通知する小型の神。スピーキングは不能）とを比べると、強制命令の超ダイモニオンというべき神は、横槍を構えて突進してくるのである。この突如とした爆発を見ているとわかるように、長谷川わかは、自分で考えて演じているのではなかった。頭の中に音声で来るメッセージは、自分で知っていて貯めておいて、小出しに利用する様子ではない。この特別な脳は、そんじょそこいらのシャーマニズムや心霊現象や霊媒どころの騒ぎではない。

「神様のおっしゃるとおり、わたしは少し低能で、アンポンタンですからね。何でもかんでも、神に教えてもらって救われるのです。『そら、家へとんで帰れ。嫁がアイロンを焼ききったぞ』とかね。家へ急いで帰ってみると、嫁が、燃えて煙の出ているアイロンのコードをコンセントから引き抜いたところだったりします。

『ご飯に火をつけておきなさい。帰る頃には丁度できている』とか。まるで、養い親ですね。『おまえ、血圧が高いから、〇〇〇を買って飲め。あれは効くぞ！』ってもね」

随分、面倒見のいい神だ。そういうのが神の本性らしい。キリスト教でもそういうのはある。現代の人間が、聞こえないというのを積極的に美化するのはマイナスかもしれない。

◇新聞を読んでくれる神

「新聞の字は、もうあまり読めなくなりましたが、神様が、内容をサマリーして教えてくれます。選挙のときや組閣のときは、候補者や、新しい大臣の顔や写真は見えますから、写真は目で見て、学歴や経歴などは書いてあることを神が教えてくれます。そして、今日はこういう事件があったって、新聞が来る前にも、テレビでやる前にも教えてくれます。

実際の生活でも、区役所へ行ってこういう手続きをいつまでにしなければいけないって、教えてくれて……、忘れていると、『明日までだぞ』と警告してくれますから、便利です。書類の書き方も、そこはこう書けと指示してくれます。

それに、人間には、いろいろわからないことがあって、この問題が将来どうなるか、あのことは過去にどうだったのだろう、っていうことがあります。

そういう困ることをなんでも神に聞けば、間違いなく、正確に教えてくれます。たとえば、試験を受けるときにどういう問題が出るか、わたし自身のときには教えられます」

長谷川わかという人物に神が宿っていて、その神がわかるところに従って、彼女を教え、導いているというわけだ。

靈感には、人間の靈感と神の靈感とがあるという。他の人間に頼まれると、自分の靈感でわからなければ神にたずねて答えを得て、その情報を受け売りで教えることによって、彼女は靈感者であることができる。

「先生、その、先生に何か、ふつうの人間が肉眼で見えるはずのないものが見えるときには、どういうふうに見えるのですか？」

「そうですね、月明かりぐらいの明るさ……、いえ、もっと明るいです。その明るさで、本物の人間でも物でも、縁や箱のない等身大のテレビのように、座敷でも、外でも、ちゃんと見られます」

「私のドッペルゲンガーが玄関に見えたとおっしゃったのも、そうやって目をつぶっていて見えたのですか？」

私は、自分の像の情報など発射していないつもりだ。神らしきものが、その力によって、知らない間に像の情報を取り寄せたのだろうか？

「いいえ、ふつうに目を開いていてここに座っていたら、あなたが玄関に立っているようにはっきり見えたのです」

「カラーで見えるのですか？」

「ええ、何でも本物のように見えますの。色は、テレビのカラーみたいではなくて、ああいう、チャカチャカした人工色じゃないのね。窓から外が見るでしょう？　空だって青いし、雲もあるし、家とかだって、軒先だって、電信柱とか、水溜りだの、木だの草だの、きれいな緑で、何だって、とても自然な落ち着いた色でしょう。人間だって、肌は、まったく生きているままの色ね。そういうように見えます。それで、薄っぺらじゃなく、嵩《かさ》があって。……こうやって、今あなたを見ているように、きちんと見えますし、この景色は靈感がなくても誰にも見えますが、そのように、ちゃんと、自然色ではっきりと、疑いもなく、ありありと見えるのです。見える絵（靈視の映像）は、決してぼやけたものでなくて、輪郭も実にはっきりとしているし、人間なら、話している表情もよく見えます」

「人間は、どういう大きさで見えるのですか？」

「そうですねえ、あなたがおいでになる三十分前に見えたとき、わたしは目を開いていて、本物が玄関に立っているみたいに、等身大で見えたわ。自分で調べようと思って、神に頼んで見ようとするときは、目をつぶって靈視すると、ちょうど良い大きさに見えます」

動く像の大きさは、場面にあわせて、瞬間的に最適化されていて見えるのだ。だから、場合によって、人間が本当に等身大で歩いて見えるのだろう。

狭い場所に何十人もいっぺんに見るときは、たとえば忠臣蔵四十七士が、吉良邸から大勢で引き上げるときは、雛人形くらいの大きさ（十五センチほど）で見えたという。

さらに、必要に応じて、大石内蔵助やレオナルド・ダ・ヴィンチが等身大で出てきてディスカッションできる。ふつうの生きている人間より、ずっと真実を教えてくれる。《もっと細かいところは、どうなっているかな？》と思うと、自動的に映像の調整がされるわけだ。

こういうふうに、X（神）が人語で語り、ノーTVカメラ、ノーレンズで、カラー・ホログラフィーのように、3D映像のように、もっと実物ライクに動画で見えて話ができる。

オートズームで、人類が知らない情報を取り出せる可能性もあるだろう。馬鹿にして捨てるべきものではない。超高度な脳生体情報システムとして興味深い。

このシステムは静止情報のみを受け取るのではなく、〈運転中であった私〉のように、動きつつある不明なターゲットから、リアルタイムに、主体的な情報収集の必要もなく、押しかけ女房的に情報が得られる。〈情報体〉のほうから積極的に情報を渡されるわけだ。

情報工学では、ビットの説明に、手旗をあげたり、狼煙を挙げたりということをするし、神経細胞について細胞レベルで研究しているが、こういった例は仲間はずれにされている。ペンフィールドの実験も、はっきりしないが記憶の分類から除外されているらしい。しかし、情報工学の対象として、未来型の超脳コンピューター開発の可能性のための参考データとして、十二分にテストをやっておく必要がある。

私は、企業、とくに製造会社に入れば物理研究者もいて現代物理の議論もできると思っていたが、実際のところ、一般の会社で用いるのは古典物理の範囲に限られていた。非常に残念だったが、その時点でできる事として、電波を使っての撮像や、ホログラフィーや人工知能に興味を持った。ホログラフィーは3D映像であり、また、原理が脳神経による記憶に似ていて、脳研究、超脳型の人工知能プロセスへのヒントになるかもしれなかった。

長谷川わかの能力を知ったのは、ちょうどその時だった。レンズもマイクもスピーカーもなく、音声をあつめるデバイスも使わず、どんなに障壁があろうとも——時間的なギャップでも、空間的なギャップでも——間違いなく、物を視聴することができる能力をもっているらしい、長谷川わかの超高次脳機能に遭遇したのである。

超時空での撮像メカニズムが、いかなる方法でかこの宇宙において自動開発されてあって、この婦人の脳神経システムに導入済みになって完成されていたのだ。

5――長谷川わかの透視は、内臓にも及んだ

そういうわけで、私は長谷川わかからそれまでの聞き取り調査を開始した。

◇内臓をカラーで霊視する

まずは、肺病のカラーレントゲン霊視である。

「肺病を見る（審靈する）と、細菌に侵されて悪い箇所がはっきり丸く赤く見えるのです。霊診しようとする人（受靈診者）の胸の中が、レントゲン写真のように見えてきます」

「目をつぶっていると、見えるのですか？」

「うん、そう！　こうやって目をつぶって、祝詞《のりと》でも般若心経でも、大祓《おおはら》いでも仏説不動経でも何でも拝んでいると、ちょうど、病院で使っているレントゲンの映像写真のように胸の輪郭が見えてきて、それから、肋骨が白く何本もはっきり見えてきます。そして、肺臓のところに黒くなって見えるところがありますね。それは、以前に悪かったところで今

はなんともないの。結核菌が死んでしまっていて、細菌の死んだ靈（死靈）が見えるのでしょう。その部分はもう、肺病が進展しないの。けれども、丸く赤く見えるのがある。これがいけない」

「なぜ、赤く見えるのですか？」

「それは、細菌でも微生物だから靈があるのです。その生きている靈の活気が見えるのね。これはいけない。……すぐに急いで病院へ行って、手術なら手術をすぐ受けなければ駄目です。もしくは、ペニシリン注射などで十分な手当をしないと、それはもうすぐに手遅れになります。

片山さん（仮名）の娘さんが母親に連れられて来たので、わたしのレントゲンで見ると、丸く、赤くなっているのが、もう、一杯に胸中に広がって見えるのです。わたしが、『紛れもなく肺病だ。一刻も猶予はならない。すぐに病院へつれて行きなさい！』そう言ったら、『人の娘を、まだ医者に診てもらわないのに、勝手に肺病だと言った！　失礼だ』と言って、大怒りに怒って帰ったのです。

でも、片山さんが自分で、娘さんが肺病かどうだか見てくれと言うから見てあげたのよ。ちゃんと、わたしに見えている娘さんのレントゲン（※筆者注：長谷川わかの生体靈視によるレントゲン的肺内部の靈像）のところに、深紅に結核菌がウジャウジャ溜まって活動

している部分が見えるので、『肺病だから、すぐ病院へ行って、手当てを受けなさい』と言ったのよ。肺病なのに『肺病でない』とはわたしには言われないの。一度でも『当たらない』と言われると困るから。

　わたしは神に、『おまえを日本一の靈感者にしたてあげる』と言われて、靈感強化の特訓に断食をさせられ、他の靈感をやる人の十倍も修行をして、靈感の先生の新田さん夫婦からも、もう修行はやるなと散々言われても止めずに徹底的にやったのです。だから、警視庁で厳重に試験をされて警察でも証明してくれて、要らないというのに鑑札（写真参照）までもらわされたし、驚くことに、一度だって外れたことはないのです。

　それなのに、『肺病じゃない』といって母親が頑張って、わざと病院へつれていかないから、病気が進展して死んでしまった。早く手当をしてやれとあれほど言ったのに、片山さんは、うちの娘はちゃんと学校へ行っていると言うのです。

しばらくして、娘が今にも倒れそうにしてかろうじて立っているのをつれてきて、『今日は床上げだ』と言うの。『あ、そう。結構だね』と言ったら、『じゃ、これを』と言って、お赤飯を出すから、『もう、うちは結構だ。当たらなかったんなら、うちはお赤飯は要らないんだ。受け取れない』と言いました。でも、片山さんは、無理矢理にお赤飯を置いて行ってしまいましたけど……。

娘はすぐ死んでしまいました。実は、病院で娘さんのレントゲン写真を撮ったのよ。わたしも、自分で、その医者へ行って、レントゲンのフイルムをこの目で見てきたの。赤い、深紅の色が病巣のところについていていないだけで、わたしが神から見せられたのと全く同じ写真で、悪いところも全く同じだった。

『肺病だ』と言われてすぐ手当をしておけばよかったのに、肺病だって言われたから癪《しゃく》に障って、怒って、わざと病院へ行くことを拒否していたから、バチが当ったのでしょう。

十九才の、私立の高校に通っていた、とても美しい娘さんでした。今でも、片山さんとは買い物で会いますよ。決まり悪そうな顔して、『見てもらうのなら、長谷川わかさんのところへ行きなさいよ。とてもよく当てるから』と言っているそうです。

あの人は、自分じゃよく知っているんですよ。自分の末娘だから、病気だって言われて悔しかったんでしょう。娘本人には隠しておきたかったんでしょう。だからこそ、可愛いからこそ、生かすために、わたしはあえて言ってあげたのに……。何が悔しいといったって、病気には万全をとって、すぐレントゲンを撮ったり、入院すればよかったのよ。馬鹿な親もあったものです」

はたして、彼女における靈像は、眼の網膜に映るのだろうか？　それとも、網膜に映らず、直接に、脳の後部の視覚野に入ってくるのだろうか？　それとも、大脳補足運動野（SMA）コントロールでなされるのか？

◇胎児の男女鑑別は確実度一〇〇％

街角にある豆腐屋の奥さんが来たときの話もある。私が、自動車で走っていてエンジンが止まったときに渡っていた辻にある豆腐屋だ。

「男の子が欲しいんですが、お腹の中にある子供が、男か女か見て下さい」

長谷川わかが神にたずねると、一秒もしないで、その場ですぐ頭の中に通知（人語によるスピーキング・メッセージ）があった。

「お腹の赤ん坊は男の子だ。産みなさい。いま堕ろしたら、今度は女だ」

そう聞こえた。それで彼女は、教えられたことをそっくりにそのまま「男だ。産みなさい。堕ろしたら、今度は女ですよ」と言ってあげた。

その奥さんは、姑から、豆腐屋の跡継ぎに男の子が早く欲しいと言われて、なかなかできないのでいびられていたのである。やっと子供ができて、病院へ行って検査したところ、結果が女だというので、姑に怒られるのを恐れて、帰るのがいやで、わざわざ遠回りして、藁にもすがる思いで長谷川わかのところへ来たのだった。

だが、長谷川わかから意外なことを言われて、その若奥さんは嬉しくなって、家へ帰ってお姑さんにそう言った。姑は次のように言ったそうだ。

「何ですか！　産婦人科の医者が『女の子だ』と保証して言うものを、この科学の発達した時代に、あんな長谷川の神様ふぜいが、何でお腹の中の赤ん坊が男か女かわかるものですか。そんなことでわかるなら、医者も汽車も要らない。すぐに赤ん坊を堕ろしてしまいなさい！」

それで、奥さんはしかたなく病院へ行って胎児を堕ろした。おろした赤ん坊にはオチンチンがついていた。長谷川わかの言葉は間違っていなかったわけだ。その後、また妊娠したので医者に診てもらうと「男の子だ」と言うので、喜んで産んだらはたして女の子だった。姑はそれから、お嫁さんを虐《いじ》めなくなったそうだ。

「人の子だから恐ろしいもの！　しょうがない」と、長谷川わかは言った。「お腹へ入りさえすれば、赤ん坊でも靈というものがあるから、人間としてちゃんと口もきくし、三ヶ月ぐらいになれば胎児の身体ができてくる。女か男かは、子宮の中にある本物の胎児の姿にオチンチンがついているかいないか見せられるので、間違いなくはっきり判ります。外れるということはありません」

現在でもなお、病院で行う白黒の超音波検査像よりも、長谷川わかのカラー三次元内臓靈視のほうが、はるかに解像度が優れているであろう。さらに、「堕ろしたら次は女だ」ということも、長谷川わかの神によってあらかじめわかっていた。前兆すらまったくない時期から完全にわかるのは、地震予知と同じだといえるだろう。

◇女性が素っ裸で歩いているように見える

向こうから、若くて上品で美しい女性が、スラリとした色白な裸体で、平気で歩いてくる。

　長谷川わかにはそのように見えることがある。昼間の商店街だ。いつぞや、銀座の通りで、裸のミス日本を霊視させられたこともあるそうだ。

「若くて綺麗な裸をしているのよ。歩いて来ながら、お乳も出したまま平気でいて、毛も見えるのです」

　近所の裕福な家のきれいな奥さんのはずなのだが、真っ昼間、こんな人の多い街の中を素っ裸で歩くなんて、とビックリしていると、『オイ、見ろ!』と、神が言う。

《ハハー!》と、長谷川わかは思う。《やっぱりそうか。神がわたしに見させているのだな。わたしにこの女性のことで通知をしようというのだな》

　そこで、神によるリアルタイムの解説が入る。『この人は、今は元気なように歩いているが、三日たつと、かならず死んで葬式がでるぞ。よく見ていなさい』

　すると今度は、その女性の素っ裸の身体が、見ている間にダンダンと骸骨に変わる。ギクシャク、ギクシャクとこちらへ歩いてくる、白いガイコツになるのである。長谷川わかは、望まずともそれを見せられてしまう。

　二十才代の若い女性の、健康な肉体のままであるならまだしも、理科室にあるような真っ白い骸骨だけになってこっちへ向かって歩いて来る様子は、気持ちの悪いことといったらない。

その骸骨が、長谷川わかに会釈をして通り過ぎる。ビックリして、会釈を返す間もない。通り過ぎたあと振り返ると、骸骨の後ろ姿である。ギクシャク歩きながら去っていく。

《気の毒に。もうあの女性はオシマイだ。まだ若いのに………》

そう思っていると、はたして三日後に、その女性のお通夜が行われた。

人間の不幸やいろいろな事件を、そのようにして具体的に見せられるのが、彼女の悩みなのだ。

6——長谷川わかはいつから超能力者になったのか

◎外交官の夫の女遊びでノイローゼに

一八八九年（明治二二年）、長谷川わかは、埼玉県の入間郡亀窪の裕福な農家に生まれ、大切に育てられた。

彼女の母が妊娠する前、本家のお祖父《じい》さんが、木曽の御嶽山に登り、山頂でお百度参りをして、『自分の孫には、水戸黄門の生まれ変わりで靈感のある人間を与えて欲しい』と祈願したそうだ。このことは誰も知らなかったが、靈感が出てから、靈感でわかった。わか自身も、断食のとき右手に徳川家の葵の紋所が出たことで、自分が水戸黄門の生まれ変わりであるとわかったのである。

その結果生まれたのがわかである。小学校卒業時に女学校進学を薦められたが、裁縫が好きなので裁縫塾に通うことにした。するとたちまちに裁縫の腕が上がった。知人の世話で外交官とお見合いをして結婚し、夫の海外勤務や大阪勤務にしたがって外国や大阪に住んだ。その頃が、彼女の人生の中で女性として最も幸せを感じていた時期だと言う。

その後、新宿区の下落合に家を借りて住んだ。

長谷川わかの夫は、日本人にしては珍しいことだが、ルーズベルトに似た顔立ちをした男性で、欧米人のように背が高く、手足も長く、一方で、茶人のような感じもあった。外交官をやっていただけに立派な夫であったが、ある時期から女遊びを始め、家へ帰らず、女性の家に泊まりきりになって帰ってこなくなった。それが一九二九年（昭和四年）頃のことである。何日も何日も女のところへ泊まって帰ってこなかったりするので、彼女は、毎日心配したり悩んだりして、一睡もできない日が一ヶ月もつづいた。

そのうちに、部屋や天井がグルグルと回るめまいが毎日起こるようになって、階段を落ちそうになった。ノイローゼになってしまったのである。

私は、後年（一九六三年）、長谷川わか宅でこの夫にたまたま出くわしたことがある。《これでは、若いときには相当光り輝いた紳士だったろうから、まわりの女性たちがほうっておかなかったろう》と思った。

◇神を拝んだら靈感が出てしまった

当時は、ノイローゼなどはあまり一般に知られていなかった。また、病院に神経内科というのはなく、彼女の症状をどうにもできなかった。そこで、妹の横山いしが言った。

「しょうがないわねえ。姉さん、近所の住吉神社の拝み屋さんに行って、祈祷をして治してもらいましょう」

そうやってつれて行かれたのが、学習院からそう遠くない下落合の新田の先生といわれる人のところだった。

新田の先生の家は平屋で、家のすぐ隣に、個人用の神社という感じの簡素化された神社があった。屋外に独立した建物として存在していたその神社は、縦横高さが各々三メートルくらいだった。これでも一応、大阪の有名な住吉神社の末社だという。住吉大神は、男の神の三人組で、その三人は天照大神を女社長とすると実働の重役たちにあたる。

長谷川わかは、病気を治してもらうために、その靈感行者のところへ行った。その座敷で「神様、どうぞ、命をお助けくださいませ」と願をかけ、二、三カ月間、神を拝んで修行をすることになった。

毎日、夕方になると、長谷川わかは妹につれられて、新田の先生の座敷で神前に正座し、日に二時間ずつ『祝詞』や『不動明王真言』や『仏説不動経』などを唱えながら一心に拝んだ。目をつぶり、手を顔の前のほうにして、忍者が呪文を唱えるようにして拝んだ。人差し指を組んでやるのだが、この人差し指の先が靈感の受信点に（マクロ的な意味で）なっているという。ミクロ的にはわからない。

何日かそういう修行をやっていると、組んだ手が勝手にブルブル震えて離れ、自動的に動き出し、いろいろな仕草をするようになった。

どうやら、そうやることによって神経回路が靈感用に再開発されるようである。ニューロン＝シナプス・ネットワークで考えても理解が及ばない。が、これによって、開発用回路が開きながら靈感が開発され、現実化されるようなのだ。

修行中の身体の動きは、意識的に動かすのでなく、神経（特にシナプス物質の流動）と筋肉と発声と動作からなる、修行の神経刺激連動サイクルシステムである。

新田の座敷で二カ月半くらいこれをやり、次に「水ごりを取る」修行をやった。「水ごり」というのは、厳冬の十二月の真夜中に、浴衣のような白い着物一枚で頭から冷水を何杯も浴びて、ローソクに灯をともした提灯を持ち、お経を唱えながら方々の神社をめぐって歩き、お百度参りをするのである。長谷川わかは新田の先生と一緒にこれをやった。

最後に、先生に指示されて、十日間一切飲まず食わずで、ぶっ続けに、「仏説不動経」を夜も昼も果てしなくあげ続けた。彼女の髪は伸び放題に垂れたままになった。そうすると拝むときに髪が邪魔になるから、髪を根元から紙縒《こよ》りでぐるぐる巻いて止めた。

こうして、連日連夜、長谷川わかは拝みつづけたのである。

◇目を閉じたままでローソクの火が見えてきた

一日中、手も腕も、上半身も足も、自動的に激しく動いた。すると、生まれてからこれまでの行動の記憶がほぐされてきた（マクロ的に記述すると、こういう表現になる）。だんだんに靈感開発の効果が出てきて、自分でも靈感が出始めてきたという感じがわかった。

目をつぶったままでも、目の前が明るくなり、神前に立ててある火のついたローソクが燃えているのがはっきり見えてくる。靈視の始まりである。と同時に、自分の顔の前に組んでいる二本の指が見えてくるようになった。

神前に飾ってある神体の鏡や社《やしろ》など、神前のものが全部見えてきた。

長谷川わかは、さらにジャンジャン拝みあげていった。始めてから十日間、飲まず食わず、目をつぶったままである。

拝んでいると、我知らず「ああ、カッタルイ！」と、思わず口から出てしまった。彼女は、《しまった！》と思い、

「ただいまは、修行の身でありながら、不謹慎の言葉、申し訳ありません」

と、目をつぶったまま新田の先生に謝ると、

「いや、いいんだ。霊が出始めたんだ。もっと拝め！」

そう先生が言った。これは、雑霊による他動的霊言の第一声であった。霊感の出し方はいろいろとあるようだが、長谷川わかの場合はこのようにして出始めた。

さらに拝んでいると、いろいろな霊が次から次へと、多重人格が交代するように順々に長谷川わかに乗り移ってきた。雑霊達は出たくてたまらないのである。下級な霊ほど一番先に出たがる。だから、悪い霊が出るのは早い。それを知らない人達は、これで本当の霊感が出たと勘違いしてしまうので始末が悪く、非常に恐ろしい。だから、こういったことを行うには格段の注意を要するのだ。

だが一方で、敵陣で雨あられの弾丸を浴びるように、雑霊の一弾一弾が削岩機のように働いて、少しずつ霊道が開けていくのである。雑霊がかかるごとに、指導者兼神審者《さにわ》がその都度除霊し、完全に出しきってクリアになった後に、修行者の縁に応じて、しかるべき神が降臨・定着するのだ。

◎二〇〇～二五〇体の雑霊群

次々とかかってくる雑霊を、新田の先生は、審問し、術を使い、九字を切って追い払った。靈が去り、また拝んで、他の靈がかかると、また同じことをする。新田の男の先生が神審《さにわ》をした。終わりになっていくほど良い靈がでてくるが、雑靈には変わりない。どんどんかかってくるのを、雑靈か悪い靈か、数多くの厳しい口頭試問を三十問くらい、神審者が厳格に検定するのだ。そうやって、悪いものは、絶対に永久に来られないようにする。

長谷川わかの身体を口頭試験の場として、約一五〇体の雑靈がいちいちテストされ、絶対に長谷川わかに残らないよう、長谷川わかの一生に二度と現れないように九字を切った。

靈がかかると、長谷川わかの言語能力を使って靈言が出る。新田の先生は、それが何者か、何をもってあらわれたかを追求し、口頭試問をした。試問の内容は、根本的な神学である。だが、雑靈も馬鹿ではない。インテリ泥棒が頭を働かせるようなもので、実に強烈な悪知恵が働くのもある。

靈感の出始めるまでの指導は、修行して教えられるほうも、教える先生のほうも、まことに容易なことである。問題はその先にある。超能力・靈感の乏しい先生でも、初期の靈感の出始めまでは、昼寝しながらでも指導できる。出始めてからが大変である。超能力・靈感の出始めは必ず雑靈から始まり、しつこく留まろうとするからだ。

神審者能力（神靈を審査する能力）のある指導者が、必死にテストして、悪ければ除靈するということを繰り返していくと、だんだんに普通靈が来るようになり、少しずつ良い霊が出るようになって、それをも完全に除霊したときに、その修行者に最も縁のある神霊が定着するというのが実際である。

指導者側も、下手をするとやられてしまうから命がけの仕事である。容易なことではない。普通は雑霊が二〇〇〜二五〇体かかってくる。

長谷川わかの場合、よい宿業のおかげで、来襲し除霊・退散させられた霊群は比較的少なく、全体で一五〇体で済んだ。

◇胸の辺りから、真白な霊玉が出た

やがて、長谷川わかの身体はフッと座布団から立ちあがり、目が閉じている状態のまま、勢いよく部屋の窓のところへ吹っ飛んで行った。彼女は、その拍子に窓側にかかっていた真っ白いカーテンを両手でビリッと引きちぎってしまった。そして、それを古代ギリシャ人のように自分の体に巻き付けた。神霊はこういう気の利いた表現もする。こういった現象は、神霊が長谷川わかの神経を全面制御して行うのである。長谷川わか自身の意識は受動的に引っ込んでいて、あれよあれよとただ思っているだけで、自分の意思は働いていない。自分の身体を使われていることを観察しているだけだ。

座敷の真ん中に仁王立ちとなり、神靈が、長谷川わかの神経系統、筋肉、身体を使って、「長谷川わかの罪障消滅！　長谷川わかの罪障消滅！　今、この白い衣の如く、潔白である！」

と、大声に叫んだ。その状態の「長谷川わか」の身体は、カーテンで代用した、潔白の証明である白い衣と共にあった。

いまや、長谷川わかの身体は、最終的に残った神靈に憑依されたまま座布団の上に立ち上がり、長谷川わかの口は神靈に使われている。その神靈は、男の威厳ある響きわたる大きな声で、

「長谷川わかの守り本尊・木曽の御嶽大明神、命の恩人・成田の不動明王、本家の祀った諸々の神！」

と、大声に名乗り上げた。

神名乗りを上げたそのとたん、頭の紙縒《こよ》りが「バチッ！」と音を立てて切れ、長さ四十センチの長い黒髪の全部が帯電反発して、立ち上がるように一本一本、彼女の頭から放射状に逆立った。十日の間、新田の座敷の座布団の上で、身体も皮膚も下着も着物も髪も座布団の中の真綿も、全体が激しく震動しつづけていたために大量の静電気が溜まって、工学部の電気実験室にある帯電実験用の装置のように、頭部が多量に帯電していたからであ

る。

長谷川わかの身体が再び神前の座布団に戻り、また拝み始めると、彼女の胸の辺りから、直径約二十センチの真白なバレーボールほどの靈玉というべきものが出て、空中を渡り、神前の社の中へ入って行った。新田夫婦をはじめ、他の弟子達、信者達は、それを見て、皆「あれよ、あれよ！」と驚いた。

十日間連続で行った神拝みが終って、長谷川わかは目を開けようとした。だが、開けることができない。両目とも、上の瞼と下の瞼がカラカラになって、黄色い目やにが小さな鉄格子になって、目をガッチリと頑丈に閉じ固めてしまっていた。

立ち会っていた人が薬屋へ行って硼酸を買ってきてくれて、硼酸をお湯に溶かして目を浸しながら、時間をかけて、ようやくのことで開けることができた。

7——長谷川わかの「神」が大脳上言語野へ移動した

◇台所でも平気で出てくる「神」

「今では、神は頭の中（上言語野）で話しますが、以前は、わたしの口でしゃべったんです。何かの拍子に、知らずに目をつぶるでしょ。お台所で玉葱を切っていると目が痛くなるから、水道で目を洗って、目をつぶるでしょ。すると、すぐ出始めるんです。出るといっても、涙じゃなくて、神が出始めるのよ。

『おまえ、いま客が門のところに来たぞ』ってな具合に……。

わたしは『神様、今、お台所で玉葱を切っていて、目が痛うございますから、ちょっとお待ち下さい』と言うと、『おまえは目が痛くとも、神は目は痛くないぞ』と言うんです。なにせ、わたしはお台所で玉葱を切っている最中だから、わたしが『でも神様、お台所でお話を聴いてはもったいのうございますから、座敷へ行ってからうかがいましょう』というと、『うん、その心がけはよろしい』と答えて、あとは黙っているんです」

そんなことを話していると、ちょうど、彼女に拝んで何事か審《み》てもらおうとする客が来る。拝んで神を呼び出すどころか、呼びもしないのに既に出現している。キッチンは神前のすぐ左奥のほうにある。

お客が「長谷川先生！　今、お台所で、大きな太い声で、男の人が先生と話しているのが聞こえていましたけど、誰か男の人がいるんですか？」と訊く。

「いや、神様が話していたんですよ」

「じゃあ、神様にお料理を教わっていたんですか？」

「いや、ただ、ふつうの話をしていただけですよ」

「へえ？　妙な神様だな。でも、先生がお勝手から出てくるとき見ていましたが、出てきたのは先生一人だけで、神様は出てこなかったですよ」

「それはそうだわよ。いくら何でも見えるからっていっても、神だけはわたしにも見えません。他の霊は何でも見えますけれどね」

「神様は、身体がないんでしょ。それでも話ができるのかしら？」

「それは、わたしの口を使ってしゃべるのよ」

神は、長谷川わかの身体の、横隔膜、神経、顎の筋肉、舌や口などをコントロールする制御権を奪って、それらを使いながらしゃべるわけである。神の聖なる声だ。

「台所の中で話をするんだから、何としても不思議だ。太いような、威厳のある話し声だったわ。神様が出たの、お台所で？」

「そうです」

「じゃあ先生、霊感で神様がお話しなさるのは、演芸の舞台でやる腹話術みたいなものですか？」

「それとは違うの。似ているかもしれないけどね」

お客さんとお茶を飲もうとすると、神に「お待ちなさい」と言われる。これは人前だから、頭の中で言っている。

《ナニ、これはわたしの体だから、わたしが勝手に使っても悪いわけはない。わたしは、自分の意思でお茶が飲みたくてたまらないんだ。だからわたしは飲むんだ》と、彼女が湯呑みを取ろうとすると、手が麻痺してしまっていて、膝についたまま上がらない。

《ヤレヤレ、世話の焼ける神だ》と、少し怒りを感じるが、仕方がないから反抗せずに「はあ、はあ」と言うことを聞く。

「おまえが前に講演を聞いたことのある、解剖学をやっていた病院の院長も、おまえと同じように《声》が聞こえた。これを《神の声》というのだ。おまえの場合は、『長谷川わかの神の声』というのだ」などと言ってくる。

「そんな《声》はあるわけがない、と誰でも否定するでしょう。だから、その解剖学の先生が講演で話したとき、その先生の体験も、わたしの中の現象と全くそっくり同じなので、いちいち、《うん、本当にそうだった。それに違いない》と思いながら、真剣に聴いていたのです。わたしはもう、本当に胸がどきどきして、『わたしにも、神の声があるのです』とその先生に質問をしたかったけれど、偉い先生がいっぱいいる中で、女の身で質問して出しゃばっていると思われてもいけないと思って、我慢したんです」

周りの人は、「そんな声などあるはずはない。あの院長の先生は、別の方法で音を聞くのだろう」と、解釈をしていた。

その医者も彼女も、初めはミゾオチで話していたのが、やがて頭へ引越してきて、そこで定着した。

◇長谷川わかと他の霊能者との違い

二十世紀最大の預言者といわれるエドガー・ケイシーは、失神型の能力者であった。邪馬台国の卑弥呼も、神功皇后も同様である。ただし、卑弥呼や神功皇后の場合は、失神して神になり、座って話す。本人は失神しているから、質問者・神審者《さにわ》が神と問答する。

これらに較べて、長谷川わかは覚醒型である。私と対話しながら、歩きながらでも霊感が出る。また、神が主導して出す靈的存在、たとえば大石内蔵助、浅野内匠頭、レオナルド・ダ・ヴィンチなどは、長谷川わかの目前に出現するので、私が質問者になって三者会談のように話ができる（拙著『超脳霊視聴　忠臣蔵松の廊下』参照）。

ただし、依頼人の要求で、亡くなった家族の靈が出る場合だと、長谷川わかは変貌し、顔つきが変わる。故人の顔になって、言葉遣いも生前と同じように話す。これをチェックするのは家族だから、ごまかしようがない。

たとえば、亡くなったお祖父《じい》さんを呼び出すと、お祖父さん側からも自分の遺族を見て確認してから、金庫の鍵の番号やら、大切な情報を教える。「この金庫はなあ。こうやって、つまみの数字を右へ廻して81にあわせてから、今度は左に廻して34に合わせて、また右に廻して56に合わせて、今度は左に廻して48に合わせると開くんだ」こんな具合である。

彼女の顔つきが変貌するのは、どういう情報プロセスになっているのかわからない。

幼児をなくした母親が見てもらいに来たときには、長谷川わかの顔が幼児に変貌し、言葉も幼児言葉でしゃべりはじめた。それを見た母親は興奮して「○×ちゃん！」と、名前を呼んで長谷川わかに抱きついた。とても痛かったそうだ。

長谷川わかに靈言が盛んに起きたのは、靈感初期の頃である。「靈」という旧字に口が三つあるように、靈達は口々にしゃべる。呼吸器系統、声帯、肺、横隔膜などの、しゃべるための神経系統が自己発火させられ、筋肉を他動的に操縦されてしゃべる。

神の場合もそうだったが、ただ、神の常識と人間の常識とは異なる場合が多い。たとえば、依頼人夫婦が奥さん主導でやってきて、夫婦仲がよくないことをみてもらうと、夫が浮気や不倫をしている場合には、それを二人の前で言ってしまう。長谷川わかが慌てて口をおさえても間にあわない。その他の秘密、たとえば、銀行預金の金額や財産なども、他の客のいるところで大声でしゃべってしまう。そこで、神にお願いして神経プロセスを改良してもらい、秘密の内容は長谷川わか一人だけに頭の中で聞こえるようにし、あとでそっと本人だけに教えてあげるというやり方にした。

おそらく、彼女の靈感の大元のものは、透明人間のような、超靈長類であって、それが「神」と自称し、長谷川わかもそれを神と呼んでいるのであろう。

学際的に広い知識のある大学教授や、何事でも相談できるコンサルタント、諸葛孔明より上の能力を持った透明人間のような存在があるとする。これが長谷川わかを神経でコントロールして、ニューロンを自己発火させ、彼女の声帯を使用してしゃべらせる。あるいは、大脳上言語野において、自然言語で声となって聞こえるように出力される。

靈感の出始めのころは、神が長谷川わかの口を使ってしゃべり出す場合、彼女はそれを抑えようとしても抑えられなかったそうだ。

たとえば、長谷川わかが客に小言を言ったとする。そこで、「こんな厳しいこと言っちゃってすみません。今話しているのは、人間の長谷川わかではなくて、神様なのよ」と言おうとしても、器官を乗っ取られてしまっていてどうしようもない。心の中で《ちょっと、まずいですから、神様黙っていて下さい》と言っても止まらないのである。

その後、だんだんに、人前のときは神も考慮してくれるようになり、長谷川わか本人にだけ聞こえるかたちで言ってくれるようになった。

後年になって、靈感の修行をする間は体に刃物を当ててはいけないルールがあることを知った。行者が髭や髪や爪を伸ばすのは、格好をつけるというよりも、顔にカミソリを当てず、髪や爪にハサミを当てないためで、そうすると必然的に伸び放題になるのだ。これは、靈感開発の場の安全のためであろうか。それとも静電気の関係か。金属によって修行に何らかの影響を受けるからなのか……。

◇神との葛藤が始まった

神が突然、長谷川わかの口を使って言う。

「十軒先の○×の家が、明日十時頃火事になる」

すると、それを聞いていた妹が「また！　気のふれたようなことばっかり言って！」と、ヒステリーのように怒る。

だが、翌日の午前十時頃本当に火事になり、消防自動車がサイレンを鳴らして方々から何台も集まってくる。

《火事になるなど、人間としてわかるはずのないことなのだから、自分の意思でなく言わされていることをわかってくれるだろう》

長谷川わかがそう思っていると、妹は「姉さんが靈感で火をつけたんでしょ」などと物騒なことを言うのである。

「全く、誰一人として、わたしのことをわかる人はいなかったのです。本当に真面目に解釈してくれたのは、先にも後にもあなたが初めてです」

彼女は《いっそのこと、こんなもの、切り出してしまえ！》と思って、魚を切る出刃包丁を出して、ミゾオチを切ろうとしたこともあった。すると神は「切るなら切ってみろ！　さあ、どうだ！　さあ、どうだ！」と、ミゾオチの中で大きな声でしゃべりながら、彼女の手をあらぬ方へもって行ってしまう。すなわち、筋肉がそうなるように神経系を操られてしまうのだった。

彼女は、それでも出刃の先端を自分に向けて、渾身の力を入れてミゾオチに突き刺そうとした。ところが、手を棒にされたように、あらぬ方へパーンと伸ばされてしまう。

神が言う。「おまえを絶対に殺させはしないぞ。おまえは、新田の座敷でなんと言って拝んだか。夫が失踪してめまいがして、病院でも治らぬ、死にそうになって『命を救ってくれ！』と願ったではないか。そういうおまえを殺させるわけにはいかない」

ついに、彼女が刃物の綱引きに疲れて、途方に暮れてしまうと、神は「ほーッ、ほーッ、ほッほ！」と笑うのだ。

《どうしたものやら、早く出て行けばいいものを》と思って泣きべそをかいていると、「いま、そこから、おまえの顔を見ていたんだ。馬鹿づらをしている」などと言うのだ。

もう、シャクにさわって「出て行け！」と、どなった。「勝手に人の体に居候して、神もヘチマもあるものか。わたしは命を救ってくれとは頼んだが、人の中へ入って勝手なことを言ってくれと頼んだ憶えはない。とっとと出て行け！」

そうしてミゾオチを拳骨で八回打った。急所だから、ウーッとなって呼吸が止まりそうになる。

全く情けない。ついにヘトヘトになって、へたばってしまった。

彼女は「神様、お願いですから、わたしから出て行ってください」と懇請した。

「おまえが、そんなに神を邪険にして、入っていてはいけないというなら、よし、今夜は出て行ってやろう。それでは、どこから出て行こうかな？　耳から出ようかな？　口から出ようかな？　それとも、目から出ようかな？」と、ミゾオチでしゃべっている。

「どこからでもいいから、一秒でも早く出て行ってください。そして、もう二度とわたしの中へ入って来ないでください」

「では、目から出よう。目をつぶっていろ」

目をつぶって、黙ってジッと座っていると、目の縁が自動的にピク、ピク、ピク、ピクと震えている。……何の通知もない。何も聞こえない。今度は、しゃべってこない。

「ああ、やっと出て行った。これまでは、神との苦しい闘いだった。やっと出ていった。ありがたい」そう胸をなで下ろしていると、また声がする。

「まだ、出ていないぞ」

アッ………まだいた。

「では、今度は耳から出ることにしよう。目をつぶっていなさい」

「どうぞ、よろしく、ぜひともお願いします」

目をつぶってジーッとしていると、耳の中で鼓膜がガサガサガサ、ガサガサガサと音がしている。《やれ、出て行くな………》もう嬉しくて、目をつぶったまま涙が出そうになった。耳を澄ましていても、洋服のミゾオチのところをはだけて注意して見ていても、何ともない。

一時間ぐらい経っても何も言わなくなった。どうやら、神の駆除に成功したらしい。

《ああ、やっぱり、神は嘘をつかない。神は本当に出て行ってくれた。これでわたしも、やっと人並のふつうの人間に戻れた。妹や新田の靈感の先生に、気がふれたと思われずに済む》

嬉しくて、本当に涙が出て、頬を伝わって落ちるのがわかった。「ホッ」と胸をなで下ろす。ミゾオチをさすってみる。もう、何ともない。

◇神が脳の中に落ち着いてしまった

「ほお——ッ、ほお——ッ、ほお——ッ、ほおーッ!」

深く安堵した長谷川わかに、どこかで聞き覚えのある笑い声が聞こえた。

上のほうだ。上を向いて天井の板を見てみる。

「そっちじゃない、こっちだ」

《こっちって、神はまだ、身体の中にいたのかな》

「ガイコツの中だ」

ビックリして見まわすが、ここは墓場ではないからガイコツはない。

「おまえの身体のガイコツの頭の中だ」と言っているのが聞こえた。自分の頭をさわってみた。しかし、どこだか、よくわからない。

「おまえは、神が出て行ったと思ったろうが、神はおまえから離れてはいない。おまえから離れればおまえの命はないぞ」

「そんなはずはない。昔は、そんなもの入っていなかったけれど、生きていて丈夫でした。新田の先生だって靈感はあるけど、神は入っていない。それなのにちゃんと生きているじゃないか！　出ていくと約束しておきながら、神たるものが約束を破るとは何事です。今度は本当に出て行け！　きっと、絶対に出て行くんだぞ！」

そうやってさんざん喧嘩口論したが、結局、神は出て行かなかった。

頭のテッペンのほうで、重々しい厳かな声が「おまえは神に悪態ばかりついて、神はおまえにずいぶん邪剣にされたが、今にわかる。額を地べたのコンクリートに擦りつけて《ああ、ありがたい》と思っても、間に合わなくなるぞ」と言った。

つい一時間前まで、長谷川わかのミゾオチで「ああである、こうである。こうしなさい、ああしなさい。女だから、歩くときには、大股で手を振って歩かないで、女らしく品をつけて、しゃなり、しゃなりと歩きなさい」などとと言っていた存在が、彼女の大脳上言語野（補足運動野）へと、スッポリと移動してしまったのである。かたい頭蓋骨の内側に入ってしまったから、出刃包丁でも切り出せない。もうどうしようもなくなってしまった。

8――神の意思で強行された五十日間の断食

◇いきなり断食が始まった

ある日、長谷川わかがお昼の食事の支度をしようと思っていると、突然、頭の中で神が言い出した。

「お昼の支度はしないでよろしい。ご飯を食べないでいなさい」

そんなことを言われても、人間、食べずにはいられない。

「人間たるものが、命を繋ぐために食事をとるのが何でいけないのか？　ちょっかいを出さずに引っ込んでいてください」

「おまえ――」神が言った。「おまえは神に祈って靈感を出したが、今後一生、靈感でやっていくには、一定の期間、断食をすることになっている。大がかりなものでなくとも、魚とか肉を一生断って、食卓に上げないことになっている。これは昔からのしきたりで、みんなやっていることだ。外国でも、昔からそういうしきたりになっている」

長谷川わかは考えた。そういえば、子供が若くて死んだからと言って、お茶を断って飲まない人がある。

《でも、神が何と言おうと、贅沢でない食べ物を食べるのは、ささやかなわたしの楽しみだ。人間には、身体を養うために食べる権利があるはずだ。断食などさせられてたまるものか。絶対に断食などやってやらないよ！》

長谷川わかはそう堅く決意した。

しかし、神は続けて言った。

「神のことをやるには、昔から断食をやるのがしきたりだ。だから、今日からおまえに断食させる。おまえは子供を持っているから、自分が食べないと、子供にも栄養をとらせることができなくなってしまうことになる。子供の成長期におまえが断食すると、子供の成長のために良くない。だから、いまのうち、子供が幼児で少食の間に、五十日間だけ断食をさせる。その後は、子供の成長に合わせて、何をどれだけ食べてもよい、というようにする方針である」

「そんな！　勝手に、わたしの身体の方針を決めないで下さい。わたしには子供がいるのだから、今でも絶対に断食はできない。子供が幼くて手間がかかって、身体も使うから体力も要ります。だから、断食なんてできるはずがないじゃありませんか。いったい、急に、何を言い出すのですか！　神も人間並みに口を利くのなら、もっと人間の生活習慣を考えて、現実の生活に合わせたらどうですか！」

「……………」

「子供のことがなくても、わたしは人一倍食いしん坊だもの。神の操り人形みたいになって、断食などしてやるものか！」

長谷川わかは頑張った。

「それならば、意地を張ってみろ。おまえが自分の意思で断食をしなくとも、神の意思でおまえを断食させる」

「いや、そんなことはさせません。わたしは、なんと言っても絶対に食べます！」

◇神がお腹をいっぱいにしてしまった

その日、たまたま、妹のいしが小田急線の千歳船橋から電車を乗り継いでやってきた。

「姉さん、何よ。もう三時だというのにご飯の支度もしないで、なんでそんなところに縮こまっているのよ！」

長谷川わかは、お勝手の床から恨めしい目で妹を見上げた。

「いや、わたしはご飯の支度をしたいのに、神が五十日間断食させると言って、すごく頑張るんだよ。早く、ガス台に火をつけてちょうだい」

お米はすでにとぎ終わっていて、ガス台に載せてある。妹が、ガス台に火をつけてくれた。

「姉さん、おいしいお刺身食べる？　おかずが何もないから、出前で取りましょうよ。本当に食べるのね？」

「うん、食べたくて食べたくて仕方がないのよ。まぐろの刺身は大好物だから、早く取ってちょうだい！」

「そうね。神様が出ないうちに、早く食べてしまいましょ！」

魚屋が、「まいどありー」と、玄関を開けて刺身を届け、上がり口へ置いていった。ご飯が炊けた。お膳を出し、刺身を二人分桶から出した。笹の葉っぱの上においしそうな刺身がある。赤貝も添えられ、青い海草や白い大根を細く切ったのと、それにわさびを添えて盛り合わせた皿を取り出してお膳にのせて、二人ともお膳の前に座った。妹が炊きたてのご飯をよそった。

「子供に食べさせるのは後回しにしよう。さあ早く、食べておしまいよ」と、妹が促した。

「………」

だが、こんなに一生懸命、妹が親身になって、神が出ないうちに食べさせようと努力し

郵 便 は が き

恐縮ですが
切手を貼っ
てお出しく
ださい

1 6 0 - 0 0 0 4

東京都新宿区
四谷 4－28－20
(株) たま出版
ご愛読者カード係行

書 名			
お買上 書店名	都道府県　　市区郡　　書店		
ふりがな お名前		大正 昭和 平成　年生　歳	
ふりがな ご住所	□□□-□□□□	性別 男・女	
お電話 番 号	(ブックサービスの際、必要)	Eメール	

お買い求めの動機
1. 書店店頭で見て　2. 小社の目録を見て　3. 人にすすめられて
4. 新聞広告、雑誌記事、書評を見て(新聞、雑誌名　　　　)

上の質問に 1. と答えられた方の直接的な動機
1. タイトルにひかれた　2. 著者　3. 目次　4. カバーデザイン　5. 帯　6. その他

ご講読新聞　　新聞	ご講読雑誌

たま出版の本をお買い求めいただきありがとうございます。
この愛読者カードは今後の小社出版の企画およびイベント等の資料として役立たせていただきます。

本書についてのご意見、ご感想をお聞かせ下さい。
① 内容について

② カバー、タイトル、編集について

今後、出版する上でとりあげてほしいテーマを挙げて下さい。

最近読んでおもしろかった本をお聞かせ下さい。

小社の目録や新刊情報はhttp://www.tamabook.comに出ていますが、コンピュータを使っていないので目録を　希望する　いらない

お客様の研究成果やお考えを出版してみたいというお気持ちはありますか。
ある　ない　内容・テーマ（　　）

「ある」場合、小社の担当者から出版のご案内が必要ですか。
希望する　希望しない

ご協力ありがとうございました。

〈ブックサービスのご案内〉
小社書籍の直接販売を料金着払いの宅急便サービスにて承っております。ご購入希望がございましたら下の欄に書名と冊数をお書きの上ご返送下さい。

ご注文書名	冊数	ご注文書名	冊数
	冊		冊
	冊		冊

ているのに、なぜか長谷川わかは手を膝に置いたまま、手を出そうとしない。

「姉さん、遠慮することはないでしょ？　どうしたのよ？」

「………」

長谷川わかは、だまって、身体をよじるようにもじもじしている。

妹は、だんだんじれったくなってきた。

「姉さんが刺身を食べたいと言ったから、特別に上等なのを取ったのに、何で食べないの？余ったら、あたし一人じゃ食べきれないわよ。……変だわねえ。どうなのよ。食べたくないの？」

「いや、わたしは食べたくて堪らないんだよ。それなのに、両手が膝から持ち上がらなくて、動かなくなっちゃったのよ」

見ると、姉は半べそをかいている。

「あら、イヤだ。でも、人間としての姉さん自身は、本当に食べたいんでしょう？」

「ああ、もう、喉から手が出てくれればいいのにねえ。早く早く、わたしの口へ入れて突っ込んでちょうだい！」

「しょうがないわねえ。それじゃ、あたしが口へ入れて上げる。これじゃまるで赤ちゃんじゃないのよ」

妹が、ピンク色のトロの大きそうなのを箸で摘まんで、わさびを小皿の醤油に入れてかき回し、醤油をつけて、長谷川わかの口へ持ってきた。

《ありがたい》と、長谷川わかは思った。

「さあ、姉さん、早く！　神様が出てこないうちに――。柔らかいから噛まなくていいから、飲み込んでおしまいよ。さあ、早く！　神様が出だしたら駄目になるじゃないのよ」

「………」

「何よ～！　なに口をつぐんでいるのよ？　さあ、早く、神様の来ないうちに急いで食べなさいったら！」

長谷川わかは、何か言おうと思っても言えない。キリキリッと口の両横の頬の筋肉がつって、痛くて、硬直してしまって、どうがんばっても口が開かない。長谷川わかの神は、意思をもって彼女の神経を制御したのだ。

強烈な痛みであった。

《わたしは本当に食べたいのよ。だけど神が妨げて、口も舌もつっちゃって、動かなくなっちゃったのよ》そう言おうとしても、しゃべることすらできない。

「断食など絶対やらない」と、何時間も神に談判して断って頑張っていたのに、既に、断食を始めさせられたのだろうか？

せっかく、妹が自分のお金で奮発して取ってくれた大好物のお刺身を、ふだんでも倹約して食べないのに、この今の今、上唇と下唇の間にぎゅうぎゅうとくっつけられながら、刺身につけた醤油も自分の唇についていて、「さあ、お刺身を飲みなさい」と言われているのに、口が開かず、堅く閉じたままなのだ。

妹は、箸で長谷川わかの口をこじ開けて刺身を入れようとしたが、それでもどうしても開かない。そこで今度は、両手を使って口を上下に開けようと努力するが、それでもどうしても頑固に開かない。

《情けないなあ。こんな上等の刺身とご飯を、目の前にありながら食べられないなんて。病気を治してくれとは頼んだが、出したくもない靈感を神に出さされてしまって、勝手にわたしの口からしゃべったり、今度は、わたしの口を封ずる作戦に出るなんて！》

そう思うと、悔しくて、両目から独りでに大粒の涙が出てきて、両頬を伝わり始めた。長谷川わかのお腹の虫も、グーイ、グググーイと音を立てる。

「おまえは、それ程までにして食べたいか？」と、神がしみじみ言った。

《ええ、お刺身と白く温かいご飯を、食べたくて仕方がありません》

心で思えば神に通ずるだろうと、心の中で答えると、神が「それなら不憫だから、神がおまえに、物を食べたくなくさせてやろう！」と言った。

どうするのかと思っていると、彼女は、なんだか、急にお腹が一杯になってしまって、お腹が苦しくなった。

「あ、あ、ああ〜、もう沢山だ。もう、お腹がくちい」

「えー？　なによ」

「刺身なんか、もう見るのも嫌だ。あっちの台所へ持っていって！」

そのときにはすでに、長谷川わかの頬と舌の金縛りは解けていた。

「何よ！　姉さんたら！　そんなのある？　今の今まで、自分の意思で食べたい、お腹がペコペコだと言っていたくせに——。だから上等のを取って上げたのに、急に態度を変えて、もう見るのも嫌だなんて、全くもう、勝手すぎるわよ。気まぐれったらありゃしない！もう、知らない。ご飯のお支度なんかしてやらないからね」

「そうじゃないの。神がわたしの神経を操縦して、あたしのお腹を一杯にしちゃったのよ。いいから、片づけてくださいな」

「ふん、知らない！　神様に片づけてもらったら？」

妹は、腹を立てて帰ってしまった。

◇神の講義

そのように始まって、ちょうど五十日間、何か食べたいという気持ちは一切無くなってしまった。毎日、ご飯の支度をせず、一切何も食べず、水も牛乳も飲み物はいっさい飲まず、栄養剤も飲まず、五十日間、つまり一ヶ月と二十日間を完全に断食して過ごした。妹はそれからすっかり来なくなったが、ある日、しかたがないと思ったのか、子供を預かってくれた。

長谷川わかは、八畳の座敷の真ん中に、上等な座布団二枚を敷いて座り、毎日ほとんど二十四時間、ぶっ通しに訓練された。

一日一度、五分間だけ休憩、五分間だけ寝ることが許された。その他は、一日中、威厳をもって活発にしゃべる神、話す神靈から、自分の身体内で講義を聞かされ、演習をやらされた。活発な対話を行って、問答議論をしつつ教育を受けながら暮らした。

自分の全然知らないことを自分の口でしゃべる、それが神による講義で、それを聞く、口や声帯の持ち主であるところの自分が生徒なのである。

現在の教育テレビや放送大学では、テレビの画面で講師の顔と文字や絵を見ながら受講するが、彼女の場合は、黒板に相当するものは靈視野である。そこに、超時空でいろいろなものが見え、３Ｄ映画のように動きも伴って見えた。

質問があれば即座に質疑応答できる。

講師である神の顔や姿は絶対に見えない。大石内蔵助など、出現する霊は見える。参照すべき情景は、必要に応じて霊視聴できた。

神の講義で理解できないところは、質疑応答で教えてくれる。

「それはかくかくしかじかである」

「はい。でも、ここのところはこうなるはずであるのに、おかしいじゃありませんか。どうして、こうなっているのですか？」

「それは、こういう理由があるからだ。だから、こうなるのだ。わかったか？」

「はい、わかりました」

それらの講義は、すべてが長谷川わかの口から空気振動となって紡ぎ出され、長谷川わかの、人間生物学的な耳に聞こえた。知らない人から見ると、自分の知識をしゃべっているように見えただろう。しかし、順序が逆なのである。知らないことを勝手に自分の口がしゃべって、それを聞いて初めて情報を得ていたのだ。

これは、やがて変化して、後には、神が頭の中で話して、自分だけに聞こえるようになった。

そうしている間に、神の講義は、天文学、宇宙の構造から、地球以外にも人類が住んでいる天体があること、そこに建築物もあり社会が形成されていること、それぞれの家庭があること、生まれ変わりが実際に行なわれていること、業《ごう》の相続、因果律、因果応報の原理、六道輪廻の実際、地球地理、人類の発生と分散、日本民族の形成過程、日本史・世界史の大要、各種の宗教の根本や儀礼などについてにおよんだ。独特の、超脳による、自己身体における視聴覚教育を受けたわけである。

初めのうち、彼女は教えられる内容に半信半疑だった。

神が、「地球は宇宙の中に放り出されているように存在し、三次元の球状になっており、日本の反対側はアメリカ大陸になっていて、沢山の人間が住んでいる」と言うから、「それでは、人間が逆さになって宇宙のほうへ落っこちてしまいませんか？」と聞くと、「地球には引力という作用があって、地球上のすべての物を中心に向かって引きつけている。落ちることはないのだ」という回答を受けた。現在は重力と言う言葉に統一されているが、当時は引力と言っていた。

「日本民族は南のほうから来た。南といっても、誤解しないように。東南アジア人ではない。それ以前に、小アジアのほうから来て、ヒマラヤの麓に八〇〇年ぐらい停留していたのである」

ヒアリングしていた私が、《小アジアって、小さいアジアだから、チベットか蒙古あたりかな》と考えていると、神がリアルタイムに反応した。

「そっちではない。地中海のほう。中近東のほう。いまで言うと、トルコの高台のほうである。日本の事をヤマトというのは、山本、つまり、ヒマラヤ山脈の麓という事である」


そんな問答を続けていると、いつの間にか、夜になっている。

戸を全部開けっぴろげて、一日中、電気をカンカンにつけたままだ。

「昼間はよいが、夜、強盗に入られると物騒ですから、庭のほうはともかく、玄関だけでも閉めさせてください」と言うと、

「閉めなくともよろしい。ちゃんと番兵をつけてある」と神が言う。

「誰もいるはずがないじゃないですか。やはり、閉めさせていただきます」

「幾日か過ぎて断食が終わったら、番兵を見せてやる」

こうした対話生活である。毎日、午前零時から五分間だけの睡眠だった。ころっと横になり、五分間だけ、死んだようになって眠る。

「おい！　起きろ！　もう、五分経ったぞ！」

文字通り、叩き起こされる。神経を制御されているから、本当に身体を叩かれるように感じる。

それからまた例のごとく、彼女は神と一日中議論をすることになる。ソクラテスのダイモニオンは、幼児に注意するときのように〈メッ！〉と否定のシグナルをするだけで、積極的な話はしない。そこが違いだ。

汽車の窓の景色が飛んで行くように時が経っていく。五十日間があっと言う間に過ぎていった。

◇神と一緒に空中から神社仏閣巡りをする

神楽は「神が楽しむ」と書く。こういうことは、民俗学などで観念的に説明される。しかし、長谷川わかの場合は実際に神が彼女に憑依して、謡い、舞うのである。彼女は、断食の間、時折それをやらされていた。彼女に神が乗り移って、男の声で神謡をなしていた。

歌の内容は即興であり、長谷川わかの幼児時代よりこれまでの半生の物語だった。

断食もいよいよ終わりに向かう頃、彼女は、神と一緒に日本中の神社仏閣を空中から訪問し、参拝した。

「離れているところを次々に見ていくときは、移動しながら見るんです。移動するときは、小型の透明な飛行機やヘリコプターじゃないです。身体が空気中に出ていて、じかに風が当たるの。孫悟空みたいな金斗雲だか、アラビアンナイトの空飛ぶ絨毯でもないんだけど、ちゃんと自分だけで飛べて、相当速く移動していて、風がわたしの頬や顔に当たる。皮膚が震えて痛いぐらい、強く当たるんです。

それで、神と一緒に飛びながら、日本全国、九州から北海道のほうまで、名所の主なところを飛び回っていって…。まるでスーパーマンですよ、テレビでやっていたでしょう？わたしは、ああいう赤いマントは着ていなくて、このままの普段着なんですけど、手をこうして少し前に出して、ちょうど、ああいう姿勢で飛んでいくんです。

それで、わたしの神が、あれは宮城《きゅうじょう》だとか、宮中でこういう行事が行われているところだとか、あれは議事堂で、議員が沢山いて日本の政治をするところで、こういう法案を審議しているところだとか、案内してもらいながら行くんです。

手をこう伸ばして、少し下向きにして空中を行くんです。そして、目的地に到着すると、その辺りの上空に停まったまま、空から参拝したり、どういう神が祀ってあるとか、その神社仏閣のいわれの説明を受けるんです、わたしの神から。

皇室とか神社ですから『空からじゃ、失礼になりませんか』って聞いたら、『これは、神が飛ばしているのであるからよいのだ』って。

わたしは普通に拝むんだけれど、神さまは、神の仲間同士でしょうから『おう、ご苦労さま！』なんて言って、お互いに挨拶しているわね。どうなっているんでしょうね、こういうの。

普通、こういう神仏って言ったら、参拝する対象は神社仏閣だけにかぎられますわね、そうでしょ？　それが、わたしの神の場合はおかしいんですね。

それで、愛宕山の放送局を見たのです。建物の中でアナウンサーがニュースとか天気予報とか放送していて、丘に高い鉄塔が立っている。そこから、アナウンサーの声が電波になって発射されていて、それがラジオの器械なしで、じかに、わたしに受信されたんです。左の耳たぶあたりで聞こえるの。いまは紅白歌合戦をカラーで見ますが、当時は、まだテレビは放送局でやっていませんでした。

キリスト教の教会も沢山行きました。長崎の天主堂だかへ行って、上のほうからマリア像を眺めて、『あれが、第二次大戦の始まる前、おまえに現れて予言した聖母マリアの像だ』とか、教えてくれるんです。

他にも外人の聖人だか天使だのも出るんです。それから、隠れキリシタンが殉教で殺されたところだとか見て……、那智の瀧だの、那智権現だの、あの辺にたくさんある神社や、それから、吉野のほうだの、金峰山とか、蔵王権現とかも。

橿原《かし》神宮、伊勢の天照皇大神宮へ行って、内宮と外宮を参拝して……。

最澄さんの比叡山延暦寺、空海さんの高野山金剛峯寺と。京都へ行ったときは、最初に内裏《だいり》というところへ行きました。神が、『あそこが昔、天皇陛下のいらっしゃった内裏であるぞ』って教えてくれました。京都のお寺をたくさん見て、清水寺も見て、祇園の舞妓さんの踊りを空中から見て――これは、お茶屋とかで、きれいな着物で、だらりの帯で踊っているのを空中から見るんです、見えるんですよ――それから、京都の撮影所で女優さんが映画撮っているのを見学したり……。鞍馬山のほうにも行ったわ。

電車も見て――。おもちゃみたいな電車が地上を走っているんです。

こういうとき、わたしに神は見えていないんですけど、でも、やっぱり一緒なんです。弘法大師の御大師さんとか、傘かぶって白装束して、杖ついて四国八十八カ所を足で歩いて巡礼する人たちは、着ている白い巡礼着の背中に、墨で大きく「同行二人」って書いてあるでしょ。ああいう人たちは、二人ですけども、空海さんと話はできないでしょう。

わたしは、神と話ができる二人連れです。行くっていっても歩くんじゃないから、神と人間と、二機で、編隊飛行するって言ったほうがいいのかしら？

空中を飛びながらも、声は聞こえるのです。

『ホラ、見ろ、下を。オモチャの電車みたいに走っているのは、東海道本線の上りであるぞ。いま、下に見えるのは、羽田の飛行場だぞ。着陸してみようか。管制塔の許可を受けようか』とかなんとか言ってね。

そうだ、そのときに泉岳寺も見たんでした。あれが四十七士の墓のあるところだって。ああ、今、神様が、『大石神社っていうのがある……』って。そんな神社、あるなんて知りませんね。本当でしょうか？

わたしも知らないけど、あるんですってよ。でも、こうなって（靈として）大石内蔵助が出てくるし、とてもいい雰囲気だから、よく成仏しているんでしょう。皇室と日本の国全体を救う大目的を達成できたって言っていますし……」

なるほど、四十七士は、真実はまったく知られていないが、浅野内匠頭と共に日本全体を救った大英雄として、天人の世界にあるのだろう。

「松島の景色も楽しんで、東北へ行って、出羽三山ね。羽黒山と、月山、湯殿山、あるわね。全部で五十カ所以上行ったから、あとは覚えていないけど、一つひとつ、そういう場所のいわれを、詳しく教えてもらったんです。これは、わたしの靈感の完成記念の修学旅行だったんですね。

外国にも行ったんですよ。パリのエッフェル塔、ニューヨークの自由の女神、ナイヤガラの滝など、たくさん見ました。一日中かかったわね。

宇宙にも行って、宇宙人の社会も家庭も見学したんです。宇宙人といっても地球の人間と同じです。何から何まで人間の世界と同じで、ビルも会社も学校もあるんです。わたしの見たのはちょうど夕飯時で、家族でテーブルを囲んで夕飯をとっていました。

不思議ね。これらはみんな、わたしが断食していたとき、身体は座敷にいたままで廻ったんです。イエス・キリストは、四十日の間断食したっていうことですね。『だから、おまえには、もっと長く五十日間、完全断食やらせる』って、やらされたんです。それで、神から『宗教は異なるが、靈感の能力の点からだけ言うと、おまえはイエス・キリストとそっくり同じである』って言われました」

◇白い犬が瞬間移動したのを見せられる

「今日は断食五十日目だから、約束通り番兵を見せてやる」と、神が言った。「玄関へ行ってみろ」と言うので、そこに誰かいるのかと思って行ってみたが、誰もいない。神が嘘をつくはずはないと思って外へ出てみると、玄関の入り口の外のコンクリートの脇に何かいたような形跡があり、白い毛がたくさん抜け落ちていた。拾って見てみると、それは確かに、白い筆の穂先に使ってあるような感じの白い動物の毛だった。

あとで、近所の噂が耳に入った。

「あそこのきれいな愛人の女性の、座敷に座布団を敷いて飼っている白い犬が、毎日夜になると、二階から忍者みたいに消えて、居なくなっちゃうんですって。血統書付きだから、雑種の子犬でも産むといけないからって、逃げ出さないようにと首輪を外れないようにして紐をテーブルの足に繋いでおくのに、夜、知らない間にいなくなるそうよ。女ひとりだから、玄関の鍵をよく確かめているのに、必ず夜中に消えていて、首輪だけが座布団にあるんだって。ところが、朝になるとちゃんとまた首輪がはまって座布団にいるんだって。だれかが、夜眠っているときに来て連れ出すのか、気味が悪いから、中からしか開かない鍵をつけてもらって、首輪も二つきつくはめて、紐も二本で柱に縛って、そうしておいても、夜は必ず消えて、朝にはまた首輪が二つとも付いていて、犬も何事もなかったようにしているんですって。『不思議だ、不思議だ』って、その人言っていたわよ」

長谷川家の隣の奥さんは、たまたま、この白い犬を目撃していた。

この室内犬は、毎日夜になると、自分の敷地を通って、境の垣根の下側から潜っていき、長谷川家の玄関の横のところへいって坐っていたのだ。朝には居なくなっている。

この奥さんは、好奇心が強くて、じっと観察していたそうだ。

《人間でも動物でも、夜になれば自分の寝るところへ帰るのに、この犬は夜中じゅう、忠犬ハチ公の変りダネみたいに、他人の家の玄関に来て坐っているなんて。まさか、おかしい》

そう思って、朝、三時ごろ起きてその犬の行動を見ていた。台所の窓からのぞいていると、その白い犬は、朝四時頃まで、三越のライオンを小型にしたような格好でうずくまっていて、四時になると、長谷川家の庭から垣根の下側を自分の敷地に抜け出て、外へ出ていった。どこへいくのか先を追いたかったが、寝巻きのままだったからできなかった。

アポーツ現象（物品の瞬間移動現象）というのは、だいたい、物品に限られていて、移動も瞬間移動的な物理移動である。生き物にこれが起こる場合は、時空を超えて生物を引っ張る力が働くが、その生物の運動機能を使って歩行させるのである。二〇〇二年（平成十四年）の、あざらしタマちゃんの騒動や、さらには一九六六年（昭和四十一年）の女郎蜘蛛の出現も、この分野とは少し起き方が異なったが、類似する現象であろう。

9——切り落とした榊の枝が天井まで伸びた

◇神が榊を与える

断食中は裁縫の仕事ができなかったので、神前に供える榊《さかき》を買うお金もなかった。すると神が「今日、榊を持ってきてやろう！」と言った。《どうするのかな》と思っていると、昼頃になって、チョッキン、チョッキンと、植木屋のハサミの音が外のほうで聞こえだした。

神は「あれをもらってきなさい」と言う。

行ってみると、切り落とした榊の枝が、いっぱい地面に落ちている。切ってしまった枝だから、拾ったって怒られないだろう。小さいのを二本拾ってみた。

「植木屋さん。これ、二つばかり下さい」

植木屋は、逆さに鉢巻で紺色の仕事半纏を着て、梯子の上のほうに乗っていた。

「どうするんだい？」

「実は、神棚にあげる榊が買えなくて困っているんです」

ここで、「神様が、自分の頭の中でしゃべって榊をもらって来なさいと言ったんです」などと言ったら、もう、植木屋は、「それなら、地面に落ちた榊の葉一枚たりとも持っていってはならぬ」と言うだろう。だから、そういった事情は秘密にした。

「そうか。神様にあげるんならば、よいところを切ってやろう！」

植木屋は、梯子から立って伸び上がり、榊の若々しいところを二〇センチぐらい、二本切って落としてくれた。榊は、神の教えてくれた重力の法則のとおり、地球の中心へ向かって落下してきて、地表で運動を妨げられて静止した。

彼女は、その榊の枝をそろえて持って帰り、瀬戸物の榊立てに水を三分の一ぐらい入れてから、枝を一本ずつ挿し、床の間の両側のすみっこに置いた。

長谷川わかは、人間としての自分の頭で考えた。

これは、今日、神が下さった榊だ。この神が本物の神であるならば、わたしが願を掛ければこの榊を伸ばしてくれるはずではないか。

《よし、この榊を拝みあげて、あの天井まで伸ばしてやろう》

それが達成されるかどうかによって、神が本物かどうか、自分の霊感が本物の霊感として通用するか、効き目があるか、どの程度強いのか、測ってみようとしたのだ。

《榊よ、伸びてくれよ》

一心に願を掛けて、神との問答の合間に拝んでいると、榊はどんどんと伸び始めた。水も何も全然やらずに拝んでいたのが、上へ上へと伸びて、見事に天井に到達した。

喜んでいると、そこへ妹がやって来た。

「姉さんたら、まあ、なんてこと。本当に！　毎日、ご飯も食べないで、こんなくだらないことをやっていては、体が持たないじゃないの。姉さんにこんなことをさせるようにしたのは、靈感の先生の責任だわ。新田の先生に文句を言ってくる」

「いいえ、自分の靈感の強さを測るために自分で実験してるのよ」

と、いくら言っても、妹は聞かずに出ていってしまった。

新田の先生の家は、彼女の住んでいた家から一〇〇メートルぐらいしか離れていなかった。妹は、相当の剣幕で怒鳴り込んでいった。

すぐ新田の先生が来て、「長谷川は、強情っぱりだから、こんな榊を天井まで伸ばすなんて馬鹿なことをやっているのだ。馬鹿者めが！」と言って、榊を庭へポイッと捨ててしまった。

すると、神が怒りだした。

「あんたの神は長谷川わかの神より、位も力も下である。なにをするか！　下がりおろう。とっとと帰れ！」

神が長谷川わかの身体に憑依して、長谷川わかの口から強い神言で怒鳴ったので、そういった現象を百も承知の先生は恐縮してしまった。なにせこの先生は、長谷川わかに霊感が発現する時、来襲した一五〇体の雑霊を追放して、徹底的に追放し、清浄な身体に清めて最高の神を定着させたベテランなのである。だから、神の素晴らしさも恐ろしさもよく知っている。

そんなこんなで、新田の先生が帰ったので、彼女は庭へ降りた。熱い八月の日光に、水も与えられずカンカン照りにされ、夕方までうっちゃられて、萎れている榊を地面から拾い上げた。

「可哀想に！」

榊入れに土をバラバラと入れて榊を挿し、また拝み始めた。すると、榊は生きかえって、薄紫色になってズンズン伸び始めた。

《榊よ、おまえは栄養が足りない。タケノコのように天井を打ち抜く力はないだろう。ずっと伸びつづけて、床の間のコーナーから曲がって、天井の中央で交叉して行き過ぎて、こんどは両側に藤の花のようにぶら下がって来て、植物園にある薔薇のアーチの門のような形になっておくれ》

このように拝むと、どんどん交叉して床の間の天井の真ん中で互いに行き過ぎた。そこで、もう少し、もう少し、と、加勢して拝むと、あと少しで、今度は下へ下がるために曲がろうとした。そこで妹が見に来た。

「まだ、こんなことをやっているの。あんたは狂人だ！」

妹は、わかに向かってさんざん悪態をついた。帰るさいに、新田の先生に言いつけていった。

今度は新田の先生の奥さんがやってきた。目をつり上げていた。

ちなみに、この女の先生は、『小公女』の女院長のように冷静な感じで、厳しい女性だった。石川県出身らしいが、私は初めて会ったとき、石の女という感じがした。すこし瘦せていて、精神的にもふっくらしたところはなく、無機的で強靭な感じがする。

しかし、夫婦で長谷川わかを仕上げたのだから、やはり、相当な靈感者であるに違いない。一五〇体の雑靈を使って長谷川わかの靈感をひらき、かつ完全徐靈したのは男先生のほうだが、彼女も同じようなことをしていたからたいしたものだ。そういう能力のある人など滅多にいない。

この女の先生は、方言であろうが、自分のことを「おれ」、相手を「おめ」と言う。

その先生が、「おれのとこの榊は、毎月一日、十五日には、必ず枯れて、新しい榊と取り替える。そんだのに、おめのとこの榊は枯れないなんて、そんな馬鹿なことがありうるものか」と、カンカンに怒った。

「わたしは、ただ、神にいただいた榊を伸ばしているだけで、先生にご迷惑はかけておりません。自分の実験として、自分の靈感の強さをテストするために《榊よ伸びてくれよ》と願を掛けて、榊の成長へわたしの靈感の及ぼす効果を観察しているのです」

「この狂人め、そんな馬鹿なことをやりおって！」

女先生は、榊を床の間から取って、ポイと庭へほっぽり出した。

夏の暑い盛りである。もとより根なしの榊であるから、いっぺんに参ってしまう。

《ああ、気の毒に。せっかくアーチになるところだったのに》

わかは、女の先生が帰ってから、枯れ草のようになってしまった榊を拾った。いくら願を掛けたところで、願の掛け方を教える立場である靈感の先生が逆に弟子の修行を妨げて、榊をむしって外へ捨ててしまう。

奮闘した薄紫色の榊も、床の間の瀬戸のコップの中では栄養も足りないし、狭苦しいだろう。可哀想だと思って、日陰の地面に挿しておいた。

すると、実に生き生きと、青々と、緑色の葉をかざして青空に向かって伸び始めたのである。

《ああ、やれやれ》と、長谷川わかは胸をなで下ろした。いずれ、親の榊のように大きく育つだろう。

ところがしばらく後、自分の三才の男の子が鍬を持ち出して、「ヨイチョ、ヨイチョ」と、幼い手で、榊を根元からひっこ抜いてしまった。何もわからない子供だから、叱ってみたところでしょうがない。自分の子供が抜いてしまったんだから、神様が「人に迷惑をかけることになるから、実験などやめなさい」と言っているのかもしれない。

わかは、実験をあきらめることにした。

《でも、もう少しでアーチになったのに》と思うと、目頭から涙が流れて、胸の中から無念の思いがこみ上げてきた。外も見ないで拝んでいると、神が「外を見ろ」と言う。言われたとおり見てみると、榊は庭に撃ち倒れ、萎れ干からびて駄目になっていた。

10——理学部卒の警察署長が認めた長谷川わかの能力

◇子守半纏《はんてん》で警察につかまる

「姉さん、また、なに考えごとしてるのよ?」と、妹のいしが言った。

「考えているんじゃないわ。わたしの頭の中で神様がしゃべっているのを聴いているんだよ」

「また、つまらない神と話している。そんな神、放り出しておしまいよ!」

「神様に出て行ってくれって何遍言ったって、出て行ってくれないんだよ」

長谷川わかは、ベソをかいた。

「あら、涙なんか流しているわ」と、妹がいかにも軽蔑したように言った。

長谷川わかの頭の中では、神が「妹がなんだ! 神を放り出すなら放り出してみろ!」とやじっている。ミゾオチから追い払おうとしてもうまくいかず、出刃で切り出そうとしたら、その日のうちに頭の中のほうに移動して、そのまま居ついている神である。その神が、頭の中で、大声で駄々っ子のようにやじっている。

妹にそういうと、「また姉さんは！」と、余計に怒る。「わたしは狂人ではない」といくら説明しても、妹にはわからなかった。

わかは、妹が言うように《自分の頭はどうかなってしまったのかしれない》と、本気で考えた。《わたしの頭は、ちょうど蜂の巣のように、穴だらけになってしまって、たくさんの神が蜜蜂のように入って、朝も昼も夜もワンサカ騒いでいるようになってしまった。人間としてはもう駄目な脳になってしまった。こんなことなら、いっそ死んだほうがましだ。何とか、神をおっぽり出す方法はないものか？》と、むきになって考えた。

五十日間もの長い間、完全な断食をさせられ、座ったきりで、毎日神と話をさせられ、知らないこと、社会学、地理学、人類学、宗教学、などを教育されて、自分の体も制御されて自由にならない。顔を剃ることもできず、顔にうぶ毛が生えていた。

「神様、ちょっと、顔を剃らしていただきます」と言うと、

「うむ。よかろう」と、もっともらしく頭の中で聞こえる。

鏡に向かって、西洋カミソリで顔を剃った。自分であからさまに考えると心の中を神にスパイされるから、意識に出ないようにしていたが、わかは、心の奥底では固く自殺を決意していた。

《神の隙をみて、喉を切ってしまおう。パッと切れば、もう神は間に合わない。こちらの

勝ちだ》

何でもない振りをして「ああ、いい気持ちだ」と言いながら、鼻歌まじりで顔を剃っていると、神は「はーッ、はッはッはッはッ」と笑いだした。

「おまえは、神をあざむいて、カミソリで喉を切って死のうとしているが、おまえを殺させはしないぞ。……おまえは最初何と言って神に頼んだ？　新田の座敷で、神に命を救ってくれと願をかけて拝んで修行したのではなかったか」

はっとして、急いで喉を掻き切ろうとしたが、また自分の手が神にコントロールされてしまった。カミソリを持った手が伸びきってしまい、肘が棒のようになって切ることができない。さんざん抵抗したが、ついにわかは根負けした。

彼女は途方に暮れて、髪はぼうぼう、寝巻き姿のまま、四才の子供を子守半纏でおぶって外へ出て行った。どこかで靈力の強い行者に会ってこれを除靈してもらい、頭の中へ二度と入ってこないようにしてもらいたいと思った。

とは言ったものの、大靈感の行者がどこにいるか、行く道もわからないので、ふらりと交番へ寄った。

「あのう、ちょっとおたずねしますが、この辺で拝んでものを見てくれる人で、靈感が強くて、神を追放してくれる人はありませんでしょうか？」

すると、警官が彼女を観察するようにしばらく見たあと「うん、ある。すぐ、そこにある」と言った。

「教えて下さい」

「今、車を呼んで案内してやるから、待っていなさい」

「いいえ、タクシーを呼んでいただかなくとも、すぐそこなら、地図を教えていただければ歩いて行きますから。それに、あまりお金を持たずに出ましたので、車に乗るお金もありません」

「いや、金はいいんだ。こっちで出す」

「いえいえ、そんなことをしていただかなくとも、自分で行きますから、道だけを教えていただけば、いいのですけど」

だが、「いや、待て待て！」と言って、警察官は頑として道を教えてくれなかった。

すぐ行きたいのに……。警察も忙しいだろうから、自分で他へ行ってたずねようと思い、そう言って他へ行こうとすると、警察官は、「もう、電話で車を呼んでしまってあるから。交番として立場上困るから」と言って、引き留めて行かせない。「でも、急ぐから」と警官と押し問答していると、そこに車が止まった。

結局、「これに乗りなさい」と、警察官がむりやりに車に乗せてしまった。

そのまま走っていくと、学習院のそばの目白警察の前で止まった。

《おや、道でも聞くのかな？》と思って待っていると、警察署の玄関から警官が出てきて「おい、降りろ！」と言う。警官とはいえ、命令なんかされる憶えはない。それに、さっきと違ってイヤにつっけんどんだ。

「わたしは警察に用事はありませんよ。拝んで、神を追放してくれるところを教えてくれと言ったのに、無理やりにこんなところへ連れてくるなんて、迷惑千万です」と彼女が抗議すると、

「うん、すぐ、その何とやらを教えるから」と、どんどん警察の中のほうへ連れていかれ、身体検査をされ、ついに留置場へ入れられてしまった。

「便所は、中にあるからね」

「冗談じゃありませんよ、お巡りさん！」長谷川わかは檻の外にむかって言った。「わたしは、何も悪いことなどしておりません。これじゃ全く罪人扱いじゃありませんか。出して下さい！」

警官は知らぬ振りをして耳をかさない。前や横の鉄格子の中には、男の犯罪人がたくさん入っている。

鉄格子の前を警官が通るたび、呼び止めて「わたしは行かねばならないところがあるか

ら、早くここから出してもらいたい」と、何回も頼んだが、警官たちは、彼女を全く無視して出してくれなかった。

夕方になり、警官が食事を出した。彼女は手をつけなかった。

「何で食事をしないんだ？」

「警察の食事をいただくわけには参りません」

すると、その食事を引っ込めてから、しばらくして、今度は江戸前のにぎり寿司を一人前持ってきた。それでも彼女は手をつけない。

「何で食べないんだ？」と、見ていた警官が言った。

「お巡りさん、わたしは、ただ交番で道を聞いただけなのに、それが何で罪なのですか？わたしは悪いことは大嫌いです。何も悪いことをしていないのに、そこの犯罪人たちと同じにコンクリの牢屋へ入れられて、厳重に鍵をかけられて……。その上に『臭い飯』を食べたら、先祖に申し訳が立ちません」

彼女は、コンクリートの上にキチンと正座していた。夜中になると、警官が見廻りに来た。

「何で寝ないんだ？」

「いい加減にして下さいよ。こんな警察の牢屋の中で寝るいわれはありません。早くここから出して下さい！」

「今は夜中だし、駄目だ」

「夜中でもいいから、出して下さい」

「交通もないし、駄目だ」

それで、彼女はコンクリートの冷たい堅い床の上に直に正座を続けた。警官は、「それじゃ足が冷えるし、痛かろう」と言って、座布団を持ってきた。

することもない。それで、夜中じゅうその座布団の上で正座していた。

朝八時になるとやっと警官が来て、彼女を牢屋から出した。

「妹さんが迎えに来たから、一緒に帰りなさい」

「それなら帰りますが、いったいどういう訳があってわたしを牢屋に閉じ込めたのか、理由を説明してください」

「うん、わかっているんだ。早く帰りなさい」

「いやですよ。すぐ帰してくれたのならいいですけど、何でもない人間を留置場に入れておいて、出してくれなくて、今、さあ、出したから帰れと言うのは、そっちは都合がよいでしょうが、こっちは困ります。警察の牢屋に閉じこめられたといって、世間の人に悪人であると誤解されては、言い訳が立ちません。いったいどうしてわたしを留置したか、その理由を言ってもらわなければ、帰るわけにはいきません」と言って、居すわった。

◇警察の秘密会議を盗聴したと疑われる

警官は「いいから、いいから、もうそんな心配はしないで。妹さんも来てくれたんだから、黙って帰りなさい」と言う。

「いや、絶対に駄目だ。あなたではわからない。警察署長さんに会わせてください」

「署長は留守だ」

「留守でも署長の身体に用がある。それに、署長は今二階にいるでしょう。署長室と掲示してある部屋。警察署長は、昨晩からずっと夜中じゅう刑事部長と二人で話をしていた。どうしても会わせて欲しい」

警察官は頑固で、なかなか言うことを聞かなかった。

妹が一生懸命「姉さん、もういいじゃないの」と制するが、長谷川わかは引かなかった。警察官とさんざん押し問答をしたあげく、やっとのことで二階の署長室へと通された。

警察署長が切り出した。

「話はよく聞いた。あなたは何も悪いことはしていない。留置して申し訳なかった。安心して帰りなさい」

「それならば、わたしを留置した、その理由を言ってください」

「うん、わかった。妹さんと一緒に早く帰りなさい」

「いや、署長さんは、わかってはいません」

妹が、腕を掴んで引っ張った。

「署長さんも謝ったんだから、姉さん、早く帰りましょうよ」

「このままでは、何としても帰るわけにはいきません。わたしのほうから言いますけど、わたしを狂人だと思って保護したつもりなのでしょう」

「そんなことはどうでもいいから。人間誰しも、間違いというものはある。警察官が早まって、親切と安全のつもりでしたことだ。怒らないで欲しい」

「いや、本当に狂人かどうか、判然と知って欲しいのです。署長さんと刑事部長さんは残って、ほかの人はみんな部屋から出てください」

署長が「みんな、出ろ」と言ったので、警官達は全員外へ出てドアを閉めた。

長谷川わかは言った。

「あなたがた、署長さんと刑事部長さんのお二人は、昨日の夜中じゅう、強盗の殺人犯が見つかったので、その逮捕のために、極秘の計画の打ち合わせをしていたでしょう」

「君、それ想像して言っているのかね」

「いえ、ちゃんと見て聞いていました」

「あなたは留置所に入れられていて、今までここに誰もいなかったんですよ。そんなことがわかるわけはない。署長室まで来て、警察署長に会ってまで言うことがあるなら、もっと、まともな話をして下さい」

「わたしは、もっとも真面目に、まともにお話ししているんです」

そして長谷川わかは、その殺人犯の人相、年齢、犯罪の内容、犯行の場所、被害の内容、使用された凶器、被害者の殺されたときの状況を説明し、その犯人がどこに潜んでいるか、白い紙を出してもらって地図を描いた。さらには、そこに潜んでいるはずの犯人をどういう手順で逮捕するかについて、決定した犯人逮捕の作戦、警官の配置など、二人以外は絶対に誰も知らないはずのことを詳しく述べた。

最初は「デタラメだ」と思って聞いていた署長と刑事部長の二人は、次第に顔を見合わせた。

警察署長は、長谷川わかにでなく、刑事部長に向かって言った。

「えー、君、まさか、途中で出ていって地下の留置場へ行き、この人に情報を教えたのか？君が？　まさか君がそんなことをするとは！　参ったな、こりゃあ」

そう言われて、刑事部長はあわてて反論した。

「署長、ちょっと待って下さい。わたしは昨晩からこの部屋に閉じこもっていて、便所へ行った以外は、この部屋を出ていません！　署長とずっとこの部屋で話をしていて、朝まで一緒だったじゃありませんか。他の人にしゃべりようがありません。便所へ行ったのは二回で、両方とも二分くらいだったでしょう。すぐそこの二階の便所へ行って用を足して、すぐにこの部屋へ戻ってきたんです。わたしも署長も、留置所にこの女性が入れられているなんて知らされていなかったし、それに、わたしが便所からの帰りの一分間に、地下の留置所まですっ飛んでいって鉄格子の中にいるこの女性にこの情報を詳しく教えてまた戻ってくるなんて、そんな神わざは、オリンピックの一〇〇メートル選手だって絶対不可能です。もともと、重要な情報を外部の人間に漏らすなんてことは、わたしにできるはずはありません！……署長は……まさか、署長ご自身が、機密、機密って言っているのに、その機密を他の人に漏らすなんてことはあり得ませんよね？」

「あたりまえだ。俺も誰にも言っていない。俺もここに閉じこもっていて、二階の便所へ行ってすぐ戻ってきたのは君と同じだ。だが君、警察の内部で情報が漏れたのならともかく、留置所へ入れていた関係のない第三者に、昨日の夜中にバレてしまったというのは、いかにもまずいよ。——でも、へんだな。おかしい。やっぱり当てずっぽうに言っているのか。しかし、ここまで詳細に言うのはありえないし……」

警察署長が、全く腑に落ちないという顔をして長谷川わかにたずねた。

「あなた、当てずっぽうのハッタリを我々に言ってみて、もし当たったら面白い、留置所に入れられた仕返しに困らしてやろうと思って、その犯人追求の話を空想してつくったのではないのか？

それが偶然に合致してしまったのだよ、刑事部長。――あなた、そうなんだろう？」

「いえ、わたしは、ただ見て聞いたとおりに言ったまでですが……」

「いったい誰から聞いたのか、はっきり、俺に言ってくれないか？」

「署長さんと刑事部長さんが二人で、夜中じゅう、徹夜で、この部屋で犯人逮捕の話をしておられました。このテーブルで、刑事部長さんはその椅子に座って、図面を描きながら議論して、犯人逮捕の相談をしておられるのを、初めから終わりまで全部見て聞いて内容も詳しく知っています」

「そんな、あなた！　我々が話をしているのを見て聞いていたって言ったって、そんな出まかせのデタラメを言うものじゃありませんよ。この部屋は二人だけで、他には誰も出入りした人はなかったんだ。それにあなたも、鍵のかかったところへ入れられていたから、ここへ来るなんてことできるはずがない」

「他の人からは聞いておりません。刑事部長さんからも、ほかの刑事さんからも聞いておりません」

署長が刑事部長に言った。

「君、本当に、絶対に漏らしていないんだろうな？」

「誰にも言ったりなんかしておりません。断じてです！　嘘なら腹を切ります」

「天地神明に誓って、そう言えるか？」

「もちろんですとも！　そんな基本を破るようでは、刑事は務まりません」

「おい。誰か、この女性を夜中に留置所から出して、この辺りをうろつかせるという事はなかったか？」署長が大きな声で言った。

「そんな事はないと思いますが、夜番を呼んで聞いてみましょう」

刑事部長は、電話をかけて、昨夜、地下の留置所の夜番だった警官を署長室に呼び寄せた。そして、昨夜、長谷川わかを留置所から出したことはないか、鍵を外したことはないか、サーカスのマジックのような方法で鉄格子から籠抜けしたというような可能性はないかなど、何べんも何べんも、しつこく聞いた。

夜番の巡査はそのたび否定して、「この長谷川さんという人は、髪が乱れて子守半纏を着ているだけで、私が留置所で見ていても、とても真面目な人だったですよ。礼儀正しくキチンとしているし……。ただ、食事を出すと、『何も悪いことをしていないのに、道を訪ねただけなのに、牢屋へ入れられて臭い飯を食べさせられるわけにはいかない』と言って、絶対に食べないんです。だから自分は、自分の給料で寿司屋から寿司をとってあげたのです。しかし、この人は、『たとえ、警察の外にある寿司屋から取り寄せたお寿司であっても、場所が留置所の中で食べたらやはり臭い飯だから嫌だし、先祖に対しても申し訳が立たない』といって、絶対に食べなかったのです」

警官はさらにつづけた。

「留置所の鍵は、独居用の留置室に入れて鍵をかけてからずっとかけっぱなしです。今朝になって妹さんが迎えにきてから初めて開けただけで、それ以外は一度も開けたことはありません。夜中じゅう自分が鍵を腰に付けて管理していたので、他の人が鍵を開けるということはなかったです」

署長と刑事部長は、他に考える方向がありはしないかと、腕を組んで部屋の上のほうを見回した。

「あなたはさっき、我々が夜中に話していたことを全て知っていると言った。しかし俺は、あなたが今朝から、『どうしても署長に会わせろ』というから来てもらって会っただけだ。それ以前には一度も会っていないし、全く話をする暇も機会もなかった。……部長、君もそれは同じだろ？」

「そのとおりです。二人とも昨日から下へは降りていません」

「それならなぜ、我々が話している内容を知っているとか、地図まで知っているなどとデタラメを言うのかね？　あなたね、警察をたぶらかすのはよくないよ。あなた自身のためにならない。いいですか、真面目に説明して下さい」

「デタラメではありません。わたしは、ちゃんと一晩中お二人の議論や打ち合わせを初めから終わりまで全部見ていて、お二人のお顔も、話している声も、昨晩から知っています。部長さんが図を描いているとき、隅っこにあったエンピツがコロコロ転がって、机から床に落ちたんです。それに、専門的な秘密の言葉も細かく解説していただきましたしね」

「何を言っているんだ。馬鹿を言うな！　我々は、そんな秘密の解説などせんぞ。デタラメを言うと、直ちに逮捕するぞ」

「いえ、それはこちらのほうの話です。こちらのほうだけで、内輪で話していた話です」

「なに⁉　この話をもう一人、共謀者がスパイして、それをあんたに教えたのか？　なるほど、鍵のかかっている留置所にいてわかったのは、そういうわけか。その教えてくれた張本人、あんたの盗聴と盗み見の共犯者はどこにいる？　言いたまえ。男か、女か？」

「男です」

「どこにいる？」

「わたしと一緒にいます」

「なに」

警察署長は、あたりを見回した。顔が上気してムキになってきた。

「おい、あんた、ちゃんと言いなさい！」

「まあ、警察の署長さんですから、能力のある立派な方だと思いますから白状しますと、わたしに教えてくれたのは、こういうことを聞くのが上手な神様です」

「その男は、『盗聴の神』といわれるほどの技師《わざし》なのか？　部長、出入り口を封鎖して、署内隈なく捜査させろ。男が署内のどこかに隠れているかもしれん。こっちのほうは俺が追求するから。みんな、すぐ、この女に情報を与えた共犯者を隈なく探し出せ！　盗聴の神というのを逮捕しろ。逃がすな」

刑事部長は、指示を出すために出て行った。

署長は、長谷川わかの顔をのぞくようにして見た。

「あんたね、その男は、いったいどうやって盗聴したの？　そして、どうやってあんたに盗聴した内容を教えたの？」

「いいえ、署長さん。それは神であって、人間ではなくて、神としての存在ですから。神のほうから見ると、人間の世界のことは何でもわかって、わたしに、人間の声で詳しく解説して教えてくれます。わからないことは何でも、質問して聞けば、絶対に面倒くさがらずにすぐ教えてくれます。これは事実です。けれど、人間の目には全然見えません。神が存在しなければ、こういう能力は全て失われます。そうなったら、わたしは、普通の人間として見たり聞いたりする他は何もわからなくなるでしょう。普通の人間以上のことは何も見えないし、聞こえないし、一切、何もわからなくなるのです」

「キリスト教だか何だかしらんが、警察に説教するのは止めてくれ！　その男は、えらくすばしこい奴だな。さあ、その共犯の男のことを詳しく言いなさい！　どうやって警察の留置所に侵入したのか」

「今言いましたけど……」

長谷川わかは、あまり話が長引くので、少し参ってきた。そこで「わたしは用が済んだから、もう帰ります」と言って立ち上がった。

「あんたは、さっき、警官が帰れ帰れというのに帰らないで、警察署長の俺に会わせろと頑固に粘ったじゃないか。俺が帰れと言うのに帰らずに粘ったのは、あんたのほうなんだぞ。あんたね、まさか、この警察署長の、俺の部屋に盗聴器を設置したんじゃないだろうね。うん？　いつどうやって取りつけさせたのだ？　とんでもないことをしてくれたなあ。

見たところ、髪はくしゃくしゃになって、半纏なんか着ているが、色も白くてけっこう綺麗なほうだし、優しい顔をしているが、なんだい。それが、敵ながらこんな知能犯だとは、全然思わなかったぞ。

俺と刑事部長が一晩中話し合った内容を全部知っているのは、絶対に人に知れない巧妙な方法で、高性能の装置で盗聴をしたに違いない。どうだ、ズバリだろう？　どういうふうに密談を聞いた？　ひとつ教えてくれないか。

俺も刑事部長も、あんたに、こんな大事な殺人犯逮捕の話を漏らすわけがない。それなのにあんたは、警察の大切な秘密会議をそれだけはっきりと盗聴して、しかも書類や地図まで詳細に盗み見たんだからな。──部長、どう思う？　機密書類や図面が目で見える盗聴というのは、あるのか。しかし、事実、見て知っている以上は、そういう装置が存在せねばならんはずだ。ともかく、潜在的に大変な罪を犯したことは間違いない。全容を解明しない限り、当分、留置する」

長谷川わかは答えた。「もう、いいです。わかりました。妹と家へ帰りますから」

「あんた、盗聴は知能的な犯罪だぞ。それにしても、まったく信じられんが、警察に盗聴器を取り付けるとは大胆極まる。前代未聞のできことだ。世界中の警察でも、盗聴器をつけられたなんて、そういうことはあるまい。優しい顔をしているくせに、中身はえらいタマだ。大変なことをしてくれたよ。警察署長として面目丸つぶれだ。

絶対に、決着がつくまで家には帰せんよ。何重にも厳重に鍵をかけて、地下の留置所にいてもらって、徹底的に厳重に調べ上げる。絶対に泥を吐かせてやる！」

廊下で待たせてあった妹が、警察側から姉を拘留すると言われて、警察官に付き添われ、青い顔をして部屋を覗いた。

「姉さん、だから、早く帰りましょうって言ったじゃないの！　とんでもないことになっちゃった。ああ、どうしよう」

そのあとすぐ、妹は警官に引っ張り出されて、ドアをバタンと閉められてしまった。

警察署長は、なかなか帰してくれなくなった。

そうこうしている間に、盗聴器の発見のために技術関係の人たちが来て、署長の部屋に盗聴器が設置されているかどうか、隈なく調べたが、結局盗聴器は発見されなかった。留置所のほうにも、受信のための装置は何も設置されていないことが証明された。

「これはいったい、どういうことなのか」

署長は、交番に都合四回電話して、合計二時間、根掘り葉掘り、同じ質問を繰り返した。

警察署長は、理学部出身の非常に優秀な人で、現象として現れている事実も現れていない事実も尊重する人物だった。その署長が物理学的、刑事学的に知恵を絞って考えて、ついに、長谷川わかの中になんらかの能力を認めざるをえないという結論になった。

◇警察署長も脱帽した能力

結局、目の前にいる長谷川わかという人物が、通常の人間ではない、驚くべき能力を持つ人間であるとわかり、刑事部長もそれに同意したというのが、その警察署としての、公ではないが、実際の判断となった。

「どうやってこの二階の密室での我々の密談を、あんな離れた地下の留置所から見て聞く事ができたのか、もう一度、わかりやすいように説明して下さい。あなた自身が、鉄格子の地下の鍵の密室に閉じこめられたままそれをやってのけたわけだね」

警察署長は、長谷川わかに丁寧に言った。

長谷川わかは、それまで何度も繰り返し説明したのと同じ内容を、もう一度繰り返した。

「するとそれは、千里眼とかいうようなものですかね？」

「まあ、そういったものです。昨夜、警察がわたしを地下の留置所に閉じこめて出してくれないので、牢から出してくれるのを、座布団に座って待っていました。すると、署長さんの机のところで、刑事部長さんとお二人で、犯人逮捕の作戦をヒソヒソ話しているのが、一部始終、はっきりと耳で聞こえ始めました。

どういうことかと思っていると、目の前の一メートル半ぐらいのところに署長室の中が見えて、署長さんは、立派な自分の椅子に座っていました。部長さんは、あそこにある長い椅子をここの机に引きつけて座っていました。長い椅子に腰かけている右横のところに、事件に関係する書類を置いているのが見えました。お二人で話しているお顔も姿も見えて、聞こえていました。

お二人が密談していらしたのは、しばらく前に起こった殺人事件の犯人が潜んでいる場所が新宿区内とわかったので、この犯人を逮捕するための段取りを相談しているのでした。途中、話していることの意味がわからないことがありましたが、そういう不明なことは、頭の中の神の声によって教えてもらえます。それでもわからないことは、心の中で質問を念ずると、すぐ神が答えます。聞き損なったところや、話が飛んでいてわからないところ、あらかじめ知っていないと内容がわからないところ、警察用語、法規などは、わたしの神が、『これはこういう意味である。こういう事情でこうなっているのだ。いま、警察は、これをしようとしている』というふうに、全部詳しく解説を入れてくれました。

それから、犯罪のことを詳しく書いた書類も見えました。追われている犯人の顔も洋服姿も、殺された人の姿も見えました。犯行に使った凶器も見えました。机の上に、犯人逮捕のための地図もありました。それに部長さんが鉛筆で地図に線を引いていて、線を引いている音も、鉛筆をテーブルから床に落とす音も聞こえました。

みんな、ちゃんと目で見ているのと変わりなく、はっきり見えていました。図面や書類も、小さくて見えないのは《ちょっと見えないな〜》と思うと、自動的に神が拡大して大きく見せてくれます。だから、お話が手に取るようにわかったのです」

警察署長と刑事部長は、いつのまにか立ち上がって、顔を見合わせながら呆れたように黙って立っていた。そして腕を組み、二人とも何も言わずに「ウ〜ム、ウ〜ム」と唸っていた。

「素人で、警察法規も犯人逮捕術も知らないのに、ここまでわかるなんて、いったい、そういうことがこの世の中にありうるのかねえ？　しかし、俺も刑事部長も自分の全能力を使って限界まで考えに考え抜いたが……、やはり、この女性の特別な能力をどうしても認めざるをえない。

こんなことって、いったいありうるのか。まだよく理解できないが、大したものだ。そう言っては失礼だが、あなたはただの女性だと思っていたが、どうしてどうして、絶対にそうではないな。確かに、よい意味での盗聴の女首領だ。実に驚くべきものだ。

こんな能力のある人が、世の中には存在するのだな。実に、何と言うかな、こう、パッとして、見事なものだ。刑事部長、こういうのは、天才とかそういった才能とは違うのではなかろうか。俺は、たった一日で、非常に重要な、深刻な問題を徹底的に勉強させられたような気がする」

それに答えて、刑事部長が言った。

「私は、自分の立場からこの問題をずっと考えていましたが、完全に同感です。今までは、聖徳太子とか芥川龍之介とかが天才だと思っていましたが、どうやらそれとは違う才能のようですね」

長谷川わかは、これでようやく、きちんとした考え方を持つ人達に理解され、面目が立ったような気がした。やっと家へ帰れそうな見込みで、頬に桜色の微笑みが出た。これなら、妹にも、先生にも馬鹿にされなくてすむ。自分の神に対する信頼も出てきた。

警察署長は言った。

「驚いた。名前をちゃんと呼ばせてもらうが、長谷川わかさん、あなたは実にたいしたものだ。非常によくわかった。あなたを保護したのはこちらの間違いだった。そして二度目の間違いは、警察署長の俺自身があなたを盗聴の首領として逮捕すべきと思ったことだ。いやどうしてどうして、本当に千里眼だ。さっき首領などと言ったが、これは誤解してもらっては困るが、俺は心底驚いていて、よい意味で首領と言っているのです。

電気的な通信装置だとか、有線も無線も一切何も使わないで見て聞こえて、知的な解説も入るというのは、到底信じられない。だが、それに間違いないと認めるしかない。仰天するね、全く。恐れ入った。

ところで、場所はどこでも見えて聞こえるのですか。わかるのですか？」

「ええ、九州でも北海道でも、アメリカでも大昔のでも未来のことでも教えてくれます。わかりすぎて困るのです」

「俺は、理学部を出てずっと無神論でやってきて、宗教は阿片だと思っているから、神というものを呑み込めないが、それだけ凄い能力が人間に現れうるなんて、全く夢にも知らなかったのです。大いに恥じる。

それでもまだ、その神というのが、どうしても理解のネックになるのだが、その能力を神抜きで説明できないか」

「でも、神がないと、わたしは普通の人と変わりないのです。神が、人間に不可能なことを可能にしてくれるのです。人間にわからないことを教えてくれるからこそ、神と呼べるし、指導を受けながら前に進んで行けるのです。拝んだり祈ったりして頼んでも、沈黙だけという無能な神は、理解する必要もありませんからね」

「いや、まったく敬服しました。お願いしたいのだが、昨夜の話の内容は極秘なので、絶対に他に漏らしては困る。ぜひ協力して下さい」

「もちろんです。警察の秘密を人に漏らすつもりだったのなら、人払いをするわけはありません。さっきの警察官の中に、刑事が三人いたでしょう」

刑事の数については、署長は黙ったまま返事をしなかった。

「――で、長谷川わかさん、署長としてでなく、個人としてあなたにたずねるのだが、犯人検挙は成功すると思いますか？」

「昨日の夜、神が『一週間以内に必ず捕まる』とおっしゃいました。わたしも、早く捕まるように願をかけてあげます」

「そうですか。どうも協力ありがとう。こちらの手落ちは重々お詫びする」

警察署長はそう言って、丁重に警察署の玄関のところまで見送ってくれて、自分の乗る自動車で自宅まで送ってくれた。家に着いたら、午後四時半を過ぎていた。子供はもう寝入っていた。

下落合の自宅で、お膳の前に坐ってようやくホッとして、妹と二人で夕飯をとった。

◇次々に刑事がやってきた

長谷川わかが警察に引き留められて、彼女の特殊な能力が証明されてから一週間が過ぎた。

彼女が予告した通り、この事件の犯人は捕まった。すると、目白警察の警官や刑事が、署長に命じられて次々とやって来た。

「今度また新たに、こういう犯罪があったのだが、犯人を探して下さい」

そう言って、長谷川わかの玄関の部屋に、毎日、五、六人が入り浸るようになった。公衆電話で連絡をとって、交代で、玄関の上り口にいる。「犯罪を見てはいけない」と、新田の霊感の先生からくどいほど何遍も言われて、タブーになっているので彼女は断った。だが、「凶悪犯を逮捕するのは、国家のためになるのだからぜひとも見てほしい。あなたのことは署長から聞いてよく知っている」と、彼女に見てもらうために、まるで逆に犯人の見張りのようにみな執拗に粘るのであった。

私服で、普通の人のように、わからないようにして来て、事件には全く関係のないこと、亡くなった父親がどうしているかとか、家内が乳癌になっていないかとか、親戚の胎児が男か女かとかを見てくれと言って、ついでにとぼけて犯人の居場所を訊こうとした者もいた。そういう時は、神から「この者は警官であるぞ」と、すぐ通知があるので、わざととぼけたようなことを言って煙幕を張り、来ないように工作した。

ある日、神が長谷川わかに話した。

「おまえの兄は、埼玉県の入間郡で豚を十頭も檻に入れて飼っていたろう。それから、方々の農家に養豚の指導をして、ほかの百姓達にも豚をたくさん檻に入れて飼わせていた。おまえが、しばらく前に、警察の豚箱へ入れられて、臭い飯を喰わされようとしたのは、豚屋の先生をしていたおまえの兄の罪の報いである。わかったか」

「いいえ、ちっともわかりません」と彼女は抵抗した。

「わたしが自分自身で豚を檻に飼っていて、それで、自分の積んだ業の報いを受けるというならよくわかります。それなら何遍豚箱へ入れられても文句はありません。けれども、わたしは、豚肉は食べたことはありますが、自分で豚を檻に入れて飼ったことは一度もありません。いくら兄妹といえ、身体の違った他の人である兄の犯した罪を、全く別の人間の妹のわたしが、まるで豚小屋に入れられるように警察の檻の中へ閉じ込められて償わなければならないなんて、どう考えても理屈に合いません。そうではないですか？　そういう不合理をさせるのが神の流儀なのですか？」

「いや、神である自分がそうさせたのではない。しかし、因果の法にしたがってそう運んだのだからしかたがない。世界がそういうふうに、そうなったのだから、しかたがないのだ」

そのように言われて、長谷川わかも人間の女性としての心で、腑に落ちないながらも、《そういうものなのかな》と、無理に納得せざるをえなかった。

11――生活費を稼ぐ方法を教わる

◇長谷川わかにおける上言語野の働き

通常、大脳で言語を話すことに関係するところは、脳の側頭葉にあるブローカ野、およびウェルニッケ野である。そして、ブローカ野もウェルニッケ野も、左脳にあるものだけが言語機能を担当している。

長谷川わかの場合は、大脳（補足運動野）上言語野で話す声が聞こえるわけだが、この部分について記述している本はあまりない。

ブローカ野でもウェルニッケ野でも、そこに支障がでると言語機能に支障が出てくるので、逆にその部位の言語上での機能がわかる。一般に、ブローカ言語野に異常があると、元々口がきけない人のように、話せなくなってしまう。ウェルニッケ言語野に異常がある場合は、すこし離れて見ていると、とうとうとおしゃべりしているので何でもないように見えるが、そばで聞いてみると、話の辻褄が合わず、何を話しているのか全然わからない、というような症状を呈する。しかし、大脳上言語野は、一般の人にとってはあまり意味のないようなところで、故障しても、言語を話す上において影響が出たという例は一切ない。したがって、上言語野の機能はあまりわかっていないというのが現状である。

もし、長谷川わかにおいて上言語野に異常が出れば、〈神の声〉は聞えなくなるだろう。言語能力は左の半球に重点があるといわれるが、上言語野あたり、神の声が聞こえるエリアは、中心線の中央の両側にシュウマイぐらいの大きさで存在しており、左脳にも右脳にも片寄っていない。長谷川わかの超能力は、神の声について言えば、右脳にも左脳にも偏っていないのである。靈視聴については結論できていない。

聞こえてくる声やしゃべる内容が、長谷川わかが自分で考えて、その考えが反射・共鳴して出てくるものであるのなら、もともと何も問題とすべきものはない。

本人が知らないことをしゃべってそれが当たらないのならば、それは病院の精神神経科の医者が治療する症状であって、言ってみればそれは幻視・幻聴であり、超能力とは全く関係ないものだ。しかし、見掛けは幻視・幻聴と区別がつきにくくとも、よくよく厳重にチェックして、騙しのテクニックやサクラの類を一切使っていなくて、それでも当てごとがほとんど皆当たってしまうとき、我々はどう解釈したらよいのだろうか。

もともと事前に自分で知っているか、事前に調査して情報を持っているかして、それを隠しておいて知らない振りをして予言し、当たってから、〈どうだ!〉と言うやり方は、全く予言ではない。長谷川わかの場合、そうではないからこそ問題なのである。

超能力によるデータの取り込み方には、二種類ある。

一つは、取り込む側でリーディング命令をかけて読み込む場合。もう一つは、読みたくもないのに、リーディング命令をかけないのに勝手にデータがやってきて、これを処理せよ、と言って来るケースである。

後者のようなデータ入力のことを、プロセスインタラプト的入力（ＰＩ入力）という。長谷川わかの場合は、その両方のケースがある。

◎外人の女性になってオペラを歌う

あるとき、妹が来て夜寝ていると、戸をあけて姉のわかが入ってきた。長谷川わかは身長が約一六四センチで、女性としては大柄である。妹はすこし小柄で、インテリで、金縁のめがねをかけている。

わかはだしぬけに「おい、おきろ！」と言った。

「なによ、こんな夜中に。寝ているんだから」

「大事な話がある」

「話があるなら、明日にしなさいよ。明日、ゆっくり聞くから」

「いいし、おまえは何もわかってはいない。こうして話しているのは、おまえの姉の長谷川わかではない。神である」

「何よ。あんたがしゃべっているんだから、長谷川わかのあんたじゃないのよ。なんでそんな男の声なんか真似して出しているのよ。こっちは眠いんだから、早くあっちへ行きなさいよ」

「いまでなければ……今晩じゅうでなければ駄目だ」

「そんなことないでしょ、昼間たっぷり時間があるんだし」

「いいや、おまえはわかっていない。身体は姉の長谷川わかであるが、姉の魂は、いま奥に引込んで寝入っている。こうして話しているのは、おまえの姉ではない。神である」

「そんな男の声真似して、ウソ真似して、何を言ってるの。いくら言ったって、だまされないわよ。あなただからあなたじゃない。あたしは眠いんだから、あっちへ行ってよ」

妹はかんかんに怒った。

すると、姉の姿の神は急に優しくなって「うん、おまえには無理かもしれないな。じゃあ、わかるようにするから、ちょっと待っていなさい」と言うと、出て行って、また入ってきた。今度は、座禅を組んだまま、後ろ向きのでんぐり返しを六回やって、そのあとまた六回やった。姉のことは、小学校時代からもその後もよく知っていたが、こんなサーカスみたいなマネは、姉にできることではない。狐につままれたように見ていると、姉は「どうだ、わかったか？」と言った。

「……わかりました」

「いや、まだ、本当にはわかっていないな。別の人に変えてくるから、待っていなさい」

どうするのかと思っていると、しばらくして、今度は上品な女性、それも外国人の女性になっていた。座敷の真ん中に立って、とつぜん外国語で歌いだしたのである。オペラの歌曲らしく、両方の手のひらを組み合わせて、左右にすこし身体を揺すりながら、じつに優雅な、哀調のある美しいメロディーであった。うっとりするようなきれいな声で、近所じゅうに響きわたるような声で歌った。

長谷川わかが、歌をうたう訓練を受けたことがないことは、同じ家に育った妹であるからよく知っている。じつに美しい歌曲だった。妹は、さっきまでの怒りはどこへやら、《これは、やはり姉じゃないのだ》と、少しわかってきたような気がした。

姉がまた出ていって、入ってくると、今度は神になっていた。

「いま来て歌っていたのは、イタリアの女性オペラ歌手である。身体は姉でも、違う人物が乗り移って歌っていたのだ。わかったか？　いま、こうしておまえと話しているのは、神である」

それで妹は、初めてわかったような気がした。

「あたしは音楽、好きですからね」と、長谷川わかの妹は私に語った。

◇生活費を稼ぐ方法を神より教わる

長谷川わかは、これまでさんざんに修行させられてきた。キリスト教的に言えば、荒野で試みられていたとか、御霊《みたま》に導かれた、ということだろう。

霊感が出てからは、得意な裁縫で着物を仕立てる仕事が全然できなかったので、収入は完全に途絶えていた。夫の収入はいいほうだったから蓄えはあったが、近所の貧乏な人にお米を毎月一斗ずつ買ってあげたりしていたら、いよいよ明日食べるお米もなくなった。彼女は、これからどうしたらよいものかと思案していた。

すると、夜中に布団の中で寝ているとき、神が言った。

「おまえは、夫が居なくなって、その悩みからめまいがするようになった、そしてその病気を治そうとして、妹に連れられていって神を拝んだ。そうして病気が治ったが、神が命じて修行させて断食もさせたので、裁縫ができなかったから収入が絶えている。生活が苦しかろう。おまえが頼る夫も失踪したままだ。裁縫をやれば収入はあるけれども、それでは神のことができない。神のことをやれば、裁縫のことができなくて、生活のための収入がない。そこで、一挙両得のことをさせようと思う。自分のことばかりでなく、他の人のことでも、神に頼めば、誰もわかるはずのない未来のことを知らせてあげる。

これから、おまえが神に頼めば、他の人のことも教えてやろう。その謝礼金で収入ができるように、生活できるようにしてあげる。そうすれば、多くの人間にとっても有益だし、おまえ自身も、裁縫で得るよりも収入が増えるだろう」

彼女はそれを聞いて、《本当かしら？　そんな靈感を使ってお金を手に入れるなんて考えられないけれど……》と思っていると、大きな銀行の金庫の中らしいものが見えてきた。

「今夜、日本銀行の金庫からお札を持ってきてやろう」

神がそう言うやいなや、上のほうから千円札が何枚も何枚もヒラヒラ、ヒラヒラと舞い降りてきて、寝ている横の障子にサラサラ、サラサラと音を立てながら落ちて、畳の上にパサパサ、パサパサと貯まっていくような感じがした。

まさか、神たるものがそんなことをするはずがない。神自身が「十重禁戒」及び「十戒」の両方を彼女に課している。その中に「汝、盗むことなかれ」が入っているのだ。

でも、相手は神なのだから、例外で、本当にお金を持ってきてくれればあり難いのだけれど……と思って、座敷に立って電気をつけた。畳の上に千円札は一枚もなかった。どうやら、神にからかわれたらしい。

「今のは、これからやることの序曲である。『始まり、始まり』と、たとえで見せたのである。これからおまえにやらせることの、準備運動をやったのだ。神は、現金そのものを持ってきて与えるのではない。そういう価値のある情報を持ってきて与えようとするのだ。よく聴け。明日になったら、本当に、おまえと子供の生活に不自由しないだけ、十分なお金を手に入れられるようになる」

翌日、夜が明ける頃になった。神は、「起きなさい。今日は、〈靈感で生計をたてるやり方〉を教えてあげよう。すぐに出掛ける支度をしなさい」と言った。

長谷川わかは、これまで神と喧嘩ばかりしてきたけれども、結局は、神の言うことは皆当たっていて自分のためになっているということに、だんだん気づいてきていた。しかも、なくて困っているお金を儲けさせてくれると言うのだから、これは、反対はしないほうがいいらしいと考えた。

そこで、言われたとおりに、急いで出掛ける支度をした。

《支度はしたけれど、神は、どこへ行ってお金を借りるのかしら。貸してくれる家なんてあるのかしら。それとも、どこかの会社へ就職を頼みにいって、神が、就職活動を応援してくれるっていうのかしら。でも、神のことを生かす仕事って、何かしら……》などと思案していると、神が言った。

「その駅まで行きなさい」

長谷川わかは、新宿区の下落合に住んでいた。近くの西武線の駅へ行くと、「キップを上野まで買いなさい」と神が言うから、キップを上野まで買った。高田馬場で乗り換えると、今度は、「山手線が今すぐ来るから乗れ。それ、急げ」と言う。急いで上野方面行きのホームのほうへ向かって階段を進んで行くと、じきに山手線の電車が来た。それに乗って上野駅で降りた。

「今度は汽車で行く。汽車の乗り場はあっちだ」

自分の腕も手も神に神経制御されていて、神に方向を指示され、「あっちだ」と言われると、自然にそちらの方向に注意が行った。

通路を進んで行くと、少し広くなっていた。

「キップを買いなさい。売り場はあっちのほうだ」

見ると、言葉通り、キップの売場らしいのがあった。

「神様、キップを買えとおっしゃっても、行き先がわからないから、買えないんですけれど……。わたしは汽車に乗ってどこまで行くのでしょうか。あのう、お金も、家にあるだけ全部持ってきたのですけど、お財布に入っているのは少ししかないし、行き先があまり遠いと帰りの汽車賃が払えなくなってしまいます。神様のほうは命令するだけですけど、実際にお金を出してキップを買って汽車に乗っていくのは、この人間のわたしです。神様は、人に見えないから平気ですけど、現実に人と接するのは、このわたしのほうです。途中で迷子になってしまったり、お金が足りずに帰れなくなって恥をかくのはこのわたしなんですけど……」

心の中で念じても、小さな声で言っても、どっちでも神に通ずる。

「乗っていれば、降りるときになったら教える。帰りの汽車賃がなくとも、心配しないでよい。キップは、今持っているお金を全部使って○×駅までなら買えるから、そこまでキップを買え。まず、汽車に乗りなさい」

しかたないから、言われた通りに財布から神の言った金額を取り出し、言われた駅の名前を言ってキップを買った。財布はスッカラカンになって、一銭玉や五銭玉などの小銭しか残っていない。

上野駅は広く、人も多くて、ホームが沢山あった。これまで、汽車に乗ってどこかへ出かけるときには、いつも夫が全部やってくれて、キップも買ってくれていたから、わかは、お弁当を買って乗るだけしかしたことはない。

何番線のホームから、どこ行きの何時発の汽車に乗るのかもわからなかった。うろうろしていると、神が「乗るのは何番線だ、こっちのほうだ、間もなく出る」と全部指示してくれた。

身体の体勢をそちらへ向けられる。言うとおりに、汽車に乗り込んだ。

降りるところはあとで教えられることになっていたから、今はわからない。だから、急に降りろと言われたらすぐにパッと降りられるように、ドアに一番近い窓際の座席に座った。

ところが、汽車がかなり先まで走っていっても、なかなか降りろと言われない。横の通路を車掌が通る。行き先をたずねたいが、どういうふうに聞くか、言い方を心の中で練習してみると「車掌さん、ちょっとすみません、わたしは一体どこまでいくのですか？」という質問になってしまう。大体、自分の行き先を知らないで汽車に乗る人なんていない。だから、車掌にも、他の乗客にも、たずねるわけにいかなかった。

神はわたしにお金を儲けさせてくれると言うが、どういう商売をやって儲けようと言うのだろう。行くべき目的地さえ、駅名さえわからないから、神の言葉とはいえ、とうてい心もとない。あてにならないようだから、引返そうかと思っても、もう帰りの電車賃はないから、これで引返すというわけにもいかない。とにかく、神が「降りろ」と言うまで待っている他はない。

しばらくすると、向かい側の席に上品な婦人が乗ってきた。長谷川わかが不安そうにキョロキョロしているのを見て、その婦人は親切に声をかけてくれた。

「失礼ですけど、どちらまで行かれるのですか？」

「あの……ちょっと事情があって、自分の降りる駅がどこだか、あの、わからないのですけれど……」

「では、行く目的の場所は？　町の名前とか、施設とか、いらっしゃりたいところの名前はわかりますか？　それがわかれば、どこの駅で降りるのか、車掌さんに聞けばわかりますわ」

そう言ってくれたが、長谷川わかは答えられなかった。

「あの……それもわかりません」

向かいの婦人は、怪訝な顔をして、それから黙ってしまった。

◇連れて行かれたところは……

小一時間すると車内放送があった。

「次はウシクー、ウシクー。まもなく、ウシクゥーに停車いたします」

ウシクなんて言っても、聞いたこともない名前である。牛を食うみたいだけれど、どういう字を書くのか、どういうところなのかも皆目見当がつかない。

汽車が駅のホームにブレーキの音を立てながら滑り込んで、停車した。

「ウシクー！」と、駅のホームでも拡声器で放送するのが聞こえた。

それまで、鳴りを潜めていた神が、突然、大きな声で「ここで降りなさい」と言った。

「すみません、わたくし、降りるところが、今、急にわかりましたから、……」と言って、呆れたような顔をしている奥さんを尻目に、わかは急いで電車から降りて、ホームに立った。駅名の標識には「牛久」という字が書いてあった。

さて、横のほうへ進もうとすると、神は、「出口はあっちだ」と、違う方向を注目させた。

「あっちの正面の出口から出て、そのまま、まっすぐ、外へ出て行きなさい」

JR常磐線の「牛久」というところは、昭和の初め、神谷ワイナリー（ワインの醸造所）があって（今もある）、東京の粋な文化人たちが集まって遊興をしたところらしい。地理的に軽井沢ほど遠くなく、東京から手頃な距離で、都会の喧噪を離れている。大きな沼があるから、うなぎやドジョウも獲れたらしく、川魚料理もあったらしい。おみやげ屋や待合も繁盛していたようだ。

さて、長谷川わかは、改札で駅員にキップを渡して牛久駅の外へ出た。しかし、初めて来た土地で、予備知識もないから、どちらへ行ったらよいのか、自分は何をするべきかもわからない。

駅の前方を見ると、正面のところに割と大きなおみやげ屋があった。横断歩道を渡って、そのまま真っ直ぐ歩いていき、おみやげ屋に入っていった。すると、店の奥のほうから、赤い着物を着た二十半ばの若い女性がこちらに向かって足早に歩いてくるのが目に入った。

「今、向うから歩いてくる若い女は、近所の待合に勤めている女で、なじみの客に身請けされて、結婚することに決まったのだ。その待合の女将の使いで来て、待合へ帰るところだ」

その女性がすれ違うぐらい近づいてきたとき、「あら、ねえさん、おめでとう」と、長谷川わかの口を使って神が言った。

その若い女性は、怪訝そうな顔をして彼女を見た。

「あの、奥さま、失礼ですが、今、あたしに、おめでとうとおっしゃったのですか？」

「そうですよ」

「あたし、奥さまのこと少しも存じ上げませんが、奥さまのほうは、あたしのこと、知っていらっしゃるのですか？」

「いえ、何も知りません。ずっと東京に住んでいて、こっちのほうに来たことはないんです。上野から汽車に乗って来て、たった今初めてこの駅で降りて、そのまま真っ直ぐここへ歩いてお店に入ってきましたので、降りてからまだ五分しかたっていませんよ。この辺のことは、土地のことも、あなたのことも、まったく何も知りません」

「どうして、あたしに、おめでとうとおっしゃったのですか？」

「だってあなたは、ついこの間、いい人と結婚が決まったでしょう。だから、おめでとうと言ったんです」

「見も知らないあたしのことがわかるのですか？」

「神様が教えてくれるのです」

「神様？　意味がわかりませんけど」

「神様が人間みたいに話をして、教えてくれるんですよ。今のいままで、まったく何も知らなかったんですけど、さっきあなたに会ってから、ずっと教えてくれているの」

「でも……とても信じられませんけど」

「わたしは、神様が教えてくれなければ何もわかりません」

「とても信じられませんわ。神様って、人間のほうから一方的に拝んで、頼んで、そして、神様のほうからは一切何も言わないのが決まりなんじゃないかしら？」

「じゃあ、どうして、神様を拝むんですか？」

「さあ……でも、そういう習慣だからでしょう」

「たんに手を合わせた格好して拝んだって、いるんだかいないんだか、頼んでいるのを聴いてくれているんだかいないんだかわからなければ、心もとないでしょう？　鰯《いわし》の頭を拝んでいるのと変わりませんね。そんなんじゃ、役に立たないでしょう」

「でも、そういうのが、日本中の人が思っている常識だと思います。どこの神主さんだって、神様に耳や口があるみたいなことを言った試しはありませんもの」

「じゃあ、わたしはどうして、あなたに向かって〈おめでとう〉と言うことができたのですか？」

「あたし、何が何やら、わからなくなってしまいました」

「……でも、これは、本当なのです」

「そうだわ……そういうことか。奥様、うちの待合で聞いてこられたのでしょう？」

「いいえ、わたしは今、来たばかりよ」

「そうか……わかった。奥さまは占い師のようなことができるのですか」

「いいえ、わたしは、占いとか、生まれた日で運勢をあてるとか、そういうのは一切知りません。手相を見たって、手に皺があるっていうことしかわからないし、易者の竹の棒も持っていないし、三の付く日にあっちへ行くと縁起がいいとか、そういうことはわからないの」

「では、何かしら、虫の知らせだとか、そういうものなんですか？」

「そういうのとも、ふつうの靈感とも違うようね。神様が、ちゃんとわかるように言葉で詳しく説明してくれて、それから……写真というよりも、実物を見ているみたいな、本物みたいな映像で、わたしに見せて教えてくれるんです」

「では、あたしの結婚する人、どういう人だか当ててくださいな」

とたんに、この女性の結婚相手の男の人が靈視で見えてきた。こういうのは、長谷川わかは大得意だ。

「身長は一七〇センチぐらい、顔立ちのいい人で、色は日に焼けていて、ずっとあなたのよいお客さんだった人ですね。今、親、兄弟の家族と大田区に住んでいて、機械の部品を作る仕事をなさっているわ」

神の声で、次々にリアルタイムで教えられることを、そのままオウム返しに、日本語から日本語への同時通訳のように、相手の女性に伝達した。その人の性格がどうで、どこでどういうふうに出逢って、どういうふうに交際して、相手の男性からどういう言葉で結婚を申し込まれたか、家族に紹介してくれて、その人の家族もみなとても彼女を気に入ってくれて、結婚に大賛成だ、そのようなことを長谷川わかが話した。

「それで、今度の日曜日の十時にあなたの家で、あなたの実家ですよ、そこで結納をやることになっているんです。先方からは、父親が来ます」

「……これはどうも、大変に失礼いたしました。そういうことでしたら、あの人のご親戚でいらっしゃいますのね。それならそうと、最初から、そうおっしゃって下されば、わたくしも失礼しないで済みましたのに……まあ、これは……どうも」

「いいえ、違いますよ、わたしはその、あなたの相手の人の親戚でもないし、まったく関係のない人間です。ついさっき、この駅へ生まれて初めて来たばかりですと言ったでしょう。『牛久』なんていうところ、聞いたことすらなかったし、お店があるのも知らなかったし、待合っていうのがあるのも知りませんでしたし、あなたの相手の人にも家族にも会ったこともないし、もしあなたに出逢わなければ、興味もなにも一切ありません」

「でも、あたしのほうから声をおかけしたのでなくて、奥さまのほうからあたしにお声をおかけになられたのですが……ですから、あたしに何かしらご用があって、話しかけられたのでしょう?」

「それは、わたしの神が、かってに口から飛び出したのです」

「お口から何も出ませんでしたけど……。見えませんでした」

「わたしの神がしゃべって、その言葉が、ピストルの弾みたいに飛び出したんです」

「ご親戚ではなくとも、知り合いの方ではありませんか。それとも、探偵とかのご職業の方で、あたしの身元調査に来られたんじゃありませんか」

「あなた、結婚の身元調査というものは、お見合いの前とか、恋愛して付き合っている最中とか、どちらにしても、結婚の約束をとり交わす前に、この人と結婚して大丈夫かって確かめるためにするのじゃないかしら。調べるのも、ひそかに、わからないように調べて、結果を報告するでしょう。この人は品行方正で結婚の話をすすめたほうがよいとか、具合が悪ければ結婚するのを取り止めるとか、そういう判断の材料にするのでしょう。もしもわたしが探偵だとしたら、その探偵が、調べるべきあなたに向かって、何も聞かないで、初めて見たとたんに、大きな声で『おめでとう』なんて声をかけるかしら。そんなんじゃ、探偵の意味がないでしょう」

「……そういえば、そうねえ」

◇相手の女性の過去をすべて見通す

「あなた、郷里の村の小学校で、学校のすぐ横を流れていた五メートルぐらいの川で、友だち二人と魚だか捕ろうとして遊んでいて、橋の真ん中から、川にザブンって落ちちゃったでしょう？　そして、流されて溺れそうになったわね。そうしたら、麦わら帽子をかぶった近所の農家の人が、たまたま自転車で通りがかって、急いで自転車を川っぷちに停《と》めて、自分も洋服を着たまんま、川に飛び込んで助けてくれた。その自転車に大きい籠がついていて……」

「さあ……？」

「そして、あなたのお母さんと担任の先生と校長先生で、その人の家へ行って、娘の命を救って下さってありがとうございましたって、お礼に行ったんです。通りがかって救って下さらなかったら、死んでいるところだったって」

「どうして、あたしにそういうことがあったって、わかるんですか？」

「そういう情景が、さっきからわたしに見えているんです。あなたは、こうして目の前に見えているんですけど、それとは別に、小学校時代のおかっぱ頭の女の子のあなたが活動していて、まるで立体映画を見ているみたいに、そのときの現実が見えているんです。校門が見えていて、『長野県立長野尋常高等小学校』って、門の柱に書いてあります。

　ただ、霊感ではそうしてわかるけれど、わたしは、あなたの住んでた田舎で立ち会ったわけではないから……現実はどうか知りませんから、実際にそういう事件があったかどうかは、わたしじゃなくて、あなたが判断することです」

「でも、昔は、女の子ってみんなオカッパでしたよ。川に落ちる子供だって、地方じゃザラにいるでしょう。川に落ちているのを見れば、ふつう助けますね。助けてくれれば、お礼に行くのだって、当たり前のことです。それが、あたしのことだなんて聞いても、信じられません」

そのあと、長谷川わかは彼女の過去のできごとについていろいろな具体例をあげて話した。いくつか話し終えると、その若い女性は「奥さま、ちょっと、絶対帰らないで下さいましね、お願いします。このまま、ここから動かないで、ちょっとのあいだ、待っていて下さいましね……」と、店の奥のほうへ駆け込んでいった。

そして、店主とひそひそ声で話しはじめた。離れていて、小声で話していたので、ふつうなら聞こえるはずはないが、彼女が靈感で見えたり聞こえたりする範囲は、距離と時間には関係ない。

「オバサン！　あっちに聞えないように小さい声で話してね。あそこに立っておみやげ物見ている奥さん、ちょっとこっちへ寄って見てみて。ね、いるでしょう。あの人に、あたしの結婚のこと、しゃべっちゃったの？」

小さい声で話していても、自動的に音が増幅されて、わかにはしっかりと聞こえている。

そういう補正は、視覚、聴覚に限らず、説明の順序、説明の難易度、具体性、くり返し、質疑応答、ＰＩ的説明追加、等々、何にでも適用されて自動的に行なわれる。空間、歴史を飛び越えてズームすることも始終行なわれる。外国語の翻訳もある。驚くべきは、説明の順序もズームされる。

「いえ、誰にも話してなんかいないよ」オバサンが答えている。

「じゃ、あの奥さん、まえにこのお店にきたとか、この辺でみかけたとか、何か聞き回っているとか、そういう心当りありません？」

「今までに見かけたことない人ね」

「じゃ、あたしの結婚のこと、他の誰かに、話したことある？」

「そういうことは、誰にも話しゃしないわよ。こういう世界での幸福は大切にしたいって、お宅の待合のお母さんから言われているの。誰だって、ちゃんとやっていれば良いところに身請けされる、希望の光みたいなんですから。待合のお母さんからも、自分から発表するから、それまで他の人に漏れないようにしてくれって頼まれているし、オバサンだって女だもの、そういうのは、よくわかっているわ」

「じゃ、ぜったい、誰にも言わなかった？」

「言っていないわよ」

「本当? ぜったいに?」

「ぜったい。これは、あなたとお宅のお母さんとあたしと、三人だけしか知らないのよ」

「……じゃあ、オバサン、ちょっと電話貸してね」

その女性は、待合の女主人に電話して、自分の結婚のことを誰かしらに話したことがあるか、最近、よそから自分のことを調べに来た人はないか、本当に、一切だれにも話さなかったかどうか、くり返し聞いていた。

待合の女主人は、まわりの人に聞こえないように気を遣いながら、これも小さい声で「あたしのほうから言いだして、言う時が来るまで三人だけの秘密にしておこうって決めたのよ」と言った。女主人の話している電話の向こうは、畳の部屋で、後ろに古い箪笥があった。四角い火鉢に黒い南部鉄瓶がかかっている。その近くで、立って電話で話しているのが見えた。

「言いだしたのは、あたしでしょう。提案したあたしが、誰に話したりするものですか。安心しなさい」

長谷川わかは、身体はおみやげ屋の店の中に立っているが、視覚と聴覚は待合の女主人のいる部屋に入っているようだった。

こういう見え方は、その後もずっと続く。

◎待合へ行って従業員全員の靈視をする

電話が終わってから、若い女性は、また戻って来た。「奥さま、こっちへいらして下さい」と言って、奥のほうへ連れていく。

「大変よ、オバサン。とっても面白い人が来たのよ！」

そして、長谷川わかをおみやげ屋の主人に紹介した。

「さっき言っていた何でもわかる奥さんて、この方なんです。さっき、帰ろうとしたら、この方が店へ入ってくるなりあたしに、『ねえさん、おめでとう！』って言ったのよ。あたし、まだよく呑み込めないんですけど、奥さんの頭の中で神様がしゃべって、人間のわからないこと何でも教えてくれるんですってよ。こういう人って、オバサン、あるの知ってた？　あたし、そういうのなんて聞いたことなかったわ。ちっとも知らなかったわ。教えてくれればよかったのに」

長谷川わかは、それから、奥の部屋で、おみやげ屋の女主人の健康のこと、家族、息子の進学のこと、商売のことなどを靈視して、かなりの見料をもらった。次に、この若い女性の結婚後の生活のことも、くわしく靈視してあげた。とても幸せになって、子宝にも恵まれると出た。

そして、これもまた見料をもらった。神様がお金を持ってきてあげる、と言っていたのは、こういうことだったのか、と初めてわかったのである。

若い女性の分は、初仕事だったからお金はいらないと言ったが、どうしても払いたいと言って、二人分ほどもらうことになった。

わかが、この収入に満足し、終わったから帰ろうかと思っていると、女性は、自分の待合に電話していた。そして、これから待合に来て、待合の女将の運勢や店の運勢、そこで働いている人のことを靈視してもらいたいという。それで、言われるままに女将のことを靈視し、従業員を、手の空いた順に、仕事の合間をみながら次々に見て、合計で十二人ぐらい靈視した。

こうやって、長谷川わかは、人間が科学の助けや理性ではわかり得ないことを神にたずね、その答えを得るという「神様商売」で収入を得る方法を教えられたのだった。

長谷川わかの場合、これはいわゆる「靈感商法」と一線を画している。

近ごろ問題になっている「靈感商法」というのは、靈感が出ないか、少ない人が、靈感について無知な相談者を、靈的な道具立てや雰囲気で騙して、靈もどきの演技で不安にさせ、正当でない形で、適正でない額の金銭をとって儲ける詐欺商法である。こういうものに引っかかって財産を失うことのないためにも、免疫として、正しい靈的な知識をもっている必要があるだろう。

12――警視庁で靈感の試験を受ける

◇靈感能力の検定試験

長谷川わかという人物は、稀代の超能力者・靈感者であり、靈感能力について警察から太鼓判を押して証明を与えられた、たった一人の人間である。

当時は「超能力」という言葉はなく、靈感師または靈感者という言葉が使われていた。さらに、靈感能力を持つものに対して、占い業の一つのカテゴリーとして鑑札制度が適用されていた。しかし、運命や事実を靈感で調べる方法は、他の占いとは異なっている。

易者や手相見や星占いなどは、それぞれ筮竹《ぜいちく》や何らかの道具、ルールや、運命を決める星の年代を見るための図表などを使って、決められた手続きをやって結果を出し、相手の様子を見ながら、訓練と経験からの少しの勘でやるのであるが、靈感カテゴリーでは、何も道具を使わず、肉眼で相手を見ることもせず、靈感だけで、当てるべきことが具体的に目に見えて、聞こえなければならない。

もともと難しいことであるのに、警察の試験は特に難しい。警察から靈感業の鑑札を下付されるなど、まずあり得ないことであった。

長谷川わかは、警視庁に行って、その試験を受けてみた。

警察官によって霊感能力を鑑定されるために、世の中で実際に起こった事件の犯行方法や、犯人を推定するのが難しい犯罪事件五つを霊視聴して当てることを試験問題として課せられた。霊感の試験であるから、データも一切のヒントも与えられない。試験問題は、現在警察がかかえている重要な事件の中から、秘密にしてあって、公開していないものが使われた。

当時は、太平洋戦争がもうじき始まろうとしていた昭和十四年(一九三九年)である。思想統制をはじめ、宗教、霊感、千里眼、超能力のようなものへの統制もやかましい時代で、ちょっとしたことでも憲兵や特高(特別高等警察)に引っ張られる時代であった。そのため、この種類の鑑札をとるということは、特別に不可能のことであった。

長谷川わかは、その超能力・霊感によって、試験問題として出題された犯罪五件すべてについて、事件のおこった場所、時期、内容、殺された方法、使用された凶器、犯人の人相、年齢、犯人の潜んでいる場所、または潜んでいた場所など、すべてを詳細に、確実に当てた。

警察は「あなたの霊感は、実に見事なものだ。敬服する」と非常に感心して、霊感の鑑札を彼女に下付する手続きを取ろうとした。

しかし、長谷川わかは、次のように言って断った。

「わたしは自分の靈感を、警察で厳密に検査してもらって、自分の能力を認識できたから、それでいいのです。靈感は当たるか当たらないかが命です。どんなに偉い神を拝んでも、当たらなかったら全く駄目です。当たるか、当たらないか、客観的に警察から証明されて、自分の靈感が正しいことが自分で納得できたから、それでよいのです。自分で自分の能力を確かめるために、実験してもらったのです。

これからも、人に頼まれて事件などをみるごとに、当たるごとに、人に喜ばれ、感謝され、感心してくれるから、鑑札などは要らないのです。わたしにとっては、当たるという事実が証明書なのです」

「警察でもわからないような難しい犯罪の内容も手に取るように当てる人は、日本の警察始まって以来、初めてなのだ。すばらしい靈感だ。警察としても、鑑札制度をやっている以上は、あなたのように、確実に正確に当てる人に鑑札を与えたい。そういう人にこそ靈感をやっていただきたい。日本であなた以外には、靈感で鑑札をもらえるという人はいない。だから、もらってくれ」

それでも断って帰ってくると、次の日に違う警察官がやってきて、懸命になって彼女を説得し始めた。
「どうしてもあなたが靈感の鑑札をもらってくれなければ、こちらが困るのだ。あなたがもらってくれないと、靈感者はこれくらいのレベルでないといけないと基準を設定しても、国民からは『警察はありもしない高い基準を勝手に設定している』と批判されてしまう。実際に生きた人間にこういう例があって、他の人もこのぐらいあるべきだ、という基準として設定できなくなってしまう。だから、あなたのような人に鑑札をもらっていただきたい。せっかく、こういう時期に試験をやったのに、もらってくれないのでは困ります」
結局、四人がかりで毎日やってきて説得を繰り返し、むりやりに鑑札を受け取らせたのだった。そして、「警察もあなたを応援するからどんどんやりなさい」とまで言われた。

さて、その鑑札には、次のように書いてある。

業務所　目黒区大岡山〇〇番地
住　所　同右
　長　谷　川　わ　か　　明治二二年《一八八九》三月一日生
占業者票《靈感カテゴリー》

昭和十四年《一九三九年》二月二十四日　碑文谷警察署　警察署印

長谷川わかは、このことを誰にも秘密にしていたが、下落合にいた新田の先生が靈感で知って、男先生のほうがやってきた。

「おめ（おまえ）、靈感の鑑札もらったんだってな。いったい警察へどういうお遣い物をして鑑札をもらえたのだ。俺にも教えてくれ」

「お遣い物などは致しません。お遣い物なんかしたって、警察がそんなもの受け取るわけはないし、通用しませんよ。アメリカと戦争が始まりそうな世相の真最中に、そんなことで靈感の鑑札をもらうなんてできないことは、先生も十分ご存知のはずです。

わたしは、警察で犯罪を五つ見せられて、これを靈感で当ててみろと言うから、いつもの通りにやって、全部当てたのです。そうしたら、すばらしい靈感だ、どんどんやれ、応援すると言って、鑑札をくれただけのことです。鑑札なんか要らないと言うのに『絶対にもらってくれ』と、むりやりにもらわされたのです」

「俺が警察からもらいたくて絶対にもらえない鑑札を、長谷川、おめ、自分がもらったから、俺に悪いと思って隠してたんだろうが、おめもわかる通り、すぐに俺だって靈感でわかる。出された問題がせっかく全部当たったのに、鑑札要らんなどとはもったいない。おめが要らないんなら俺がもらいたい。その試験が犯罪を当てる試験で、実技試験だからよかったんだ。おめの靈感は強いからな」

◇『吉展《よしのぶ》ちゃん誘拐事件』に協力

靈感の商売をやるに当たって、新田の先生から厳しく諭されたタブーがある。

その一つは、犯罪を見ないことである。犯人を当てると、その犯人が出獄後「お礼参り」として、自分を警察に逮捕させた靈感者を殺しに来るからである。

また、犯人を見つける靈感能力があることが世間に知れ渡ると、犯罪者が、誰にもわかるはずのない手口で完全犯罪をしても、犯人であることを靈感で知ってしまうから、「人相や居所を警察にタレこんでしまう奴だ、とんでもねえ、生かしちゃおけねえ」と、殺しにくるかもしれない。完全犯罪を実行するためには、準備段階として長谷川わかを殺しておく必要があることになってしまうからだ。

警察からは「国家のためになるのだから、大いに、犯罪調査に協力してくれるようにお願いする」と強く頼みに来たが、前述の警察に言えない制約があった。犯罪捜査のために、警察からは毎日、長谷川わかのところへ人が来たが、協力するわけにもいかない。幸い、私服で判らないようにして来るのでも、神がすぐ「この者は普通の格好で来ているけれど、警察官であるぞ」とか「刑事だぞ」と声があるので、煙に巻いて追い返していた。

その後、許される範囲で（長谷川わかが殺されない範囲で）協力することになったが、その一つが有名な『吉展《よしのぶ》ちゃん誘拐事件』である。

この事件は、当時四歳の村越吉展ちゃんが、自宅近くの公園で遊んでいたところを誘拐され、身代金を要求された事件である。

この事件の発生を伝える新聞発表と時を同じくして、同じ紙面に、警察の張り込みのミスで、小型トラックの荷台に置いた身代金を犯人に持ち去られたという記事が出たと記憶している。それまでは、警察は事件を公にせず、極秘にして捜査活動していたようだ。

「犯罪を見るな」と、新田の先生から口を酸っぱくして言われていたわかは、最初躊躇していた。私も戒めのことは繰り返しわかの口から聞いていた。だが、《いたいけな幼児が気の毒に……》と思うわかのあわれみの気持ちが、犯人探しとは別に、吉展ちゃんの安否を確かめるという範囲に限定した靈視を行わせたのである。

靈視を行うと、コンクリートの四角いスペースに幼児の体があった。子供の頭の横のところにじゃりっ禿《ぱげ》があり、体はぐったりとしたまま、まったく身動きをしていなかった。

この事件の前に、トニー谷の息子が誘拐された事件があった。その事件についてもわかは子供をあわれんで靈視したが、その時は「長野でジャガイモを食べて元気でいる」と神に教えられ、実際にジャガイモを食べている姿が3Dの動画で見えた。この靈視は当たっており、誘拐された子供は無事に戻ってきた。

だから、吉展ちゃんについても、元気でいるなら、その様を同じように動画で見せられるはずである。何度も靈視すれば、ぐったりしている映像以外に、動き回ったり、活動している状態を見られるだろう。わかは八度ほど試みたが、見えるのは同じ映像のみだった。それをわかから聞いた私は、もしや、吉展ちゃんがすでに遺体となっているのではと恐れた。その場所はお寺の境内のようで、お寺の裏、または横のほうと見えた。

それは、もはやまったく希望のない、絶望的な映像情報だった。私は、両親の思いを考えると黙っていたほうがよい気もしたが、しかしそうもいかず、わかと二人で車に乗り、警察へ行った。捜査本部の刑事に会い、吉展ちゃんの状態を説明したのだ。映像の現場や犯人の居場所については、その場でわかの靈感によって示した。靈感によって、犯人は足が不自由であること、一一〇番されることを恐れていることもわかった。

私は、犯人の足が不自由なのに、警察を出し抜くほど敏捷であるはずはないと疑っていた。

その後、わかが室内を歩いていると、神が「あの事件の誘拐犯が警察に逮捕されたぞ」と言った。それで安心していたが、また何日かして「警察は犯人を釈放してしまった」と言う。どうしたものかと思案していると、また「警察は犯人をまた逮捕したぞ」、また何日かたつと「警察はまた犯人を釈放した」と言うのである。二度逮捕して、二度とも釈放したということだ。

それで、霊感による調査はやめたほうがいいかと私が思案していると、三度目の逮捕で犯人が犯行を自白したのであった。

後で知ったことだが、犯人は誘拐の容疑で逮捕される前に、窃盗で二度捕まっていた。そして、最初にわかが霊視していたのは、お寺の境内の横、お墓の屍櫃《かろうと》（お骨を入れるスペース）の中だったのである。

◎二〇の経文をそれぞれ一秒で憶えさせられる

神様商売を始めた頃、長谷川わかは、修行の時使った祝詞《のりと》と不動明王真言以外のお経や祝詞を知らなかった。

般若心経は、おめでたいとき（仏前結婚）にも仏道修行のときにも使えて、お墓参りにも葬式にも、日常の仏事にも、消災にも、祈願にも、あるいは、邪霊を退散させることにも使えるので、非常に便利なお経である。修験道でも真言宗でも、いろいろな宗派で読まれるが、神道であげても差し支えないそうだ。だから、神に祈るときも、佛を拝むときも、般若心経で事足りる。

祝詞をあげていると、「なぜ般若心経をあげないのだ」と神に叱られた。「『南無三十六童子』もおまえが憶えたのではない。神がおまえに憶えさせたのだぞ」

「でも神様、般若心経というのは、なんだか変なお経で、おかしくて憶えられないものですから……」

「般若心経のどこがおかしいか」

「マカハンニャ〜、なんて、お馬鹿さんの猫がニャ〜って鳴いたのかな、と思ってしまいますよ。ギョージン……ハンニャーハラミタ、なんて、お相撲の行司がお神楽《かぐら》に出てくる般若のお面の人のお腹を見たのかな、などとやっているものですから……。あげたくとも、他の人のようにスラスラと憶えるなんて、とうていわたしにはできません」

「駄目だ。どうしても般若心経をあげろ」

そんなことを言われても、自分の頭では絶対に憶えられないことは目に見えている。いっそ神に憶えさせてもらおうとして願を掛けようとした。

「では、神様、どうぞ、このお経を憶えさせて下さい」

「憶える期間はどのくらいがよいか」

わかは、一年でも二年でも、どのくらいかかってもよい、と言おうと思ったが、この際、神様に無理難題を吹っかけてやろうと思った。

「では、一週間キッカリで憶えさせていただきましょう」

「一週間。一週間でよいのだな」

なんでもないことのように言われたので、それならば、もうちょっと無理を言ってやろうとわかは考えた。

「神様。あの、せっかくですから、三日間で憶えさせてください」

「では、三日のうちに憶えさせてやろう。では読め」

長谷川わかは『般若心経』のお経の本を持って、唱えだした。

「何だこれ……観、自、在、ボー、サーか。ボーサーとは、仏教の坊さんという意味なのかしら。難しい字だなあこれは……。ギョウジン、ハンニャー……」

意識がぼーっとして、もう、全然なにもわからない。眠くてたまらない。

いつの間にか、眠ってしまっていた。

《ハッ》として、また初めからやり出すが、同じところで《はて、その次は、何て読むのかなあ》と、漢字の横に書いてある小さなフリガナを読んでいると、また、いつの間にか眠ってしまうのである。

「あ、どうも、居眠りして大変失礼しました。やり直します」

何度目か、経本を手に持って読もうとしたが、意に反して手がパッと教本を投げ出してしまった。長谷川わかの手の筋肉が、大脳運動野の神経細胞の自己発火によって制御され、手がパッと動いて教本を投げ出してしまったのである。

自分では読もうとしていたのだから、自分の意思で投げ出したのでないことはわかっていた。

「あっ、神様、お経の本を取り上げてしまっては困ります。本を返して下さい。わたくしは、ご承知の通り頭が悪いので、本がなければ、般若心経なんて難しいお経は読むことはできないのですから」

すると神が言った。

「おまえは、すぐ本、本というが、なぜ神に頼まないか。神は、本を見なくとも知っている」

「神様のほうは知っておられても、実際に口に出して読むのは人間のわたしですから、これまで一度も読んだことのない者が、とても難しいお経をあげられるわけはありません」

「いや、おまえが読むのでなく、神が《神経制御で》おまえに経を読ませるのだ。神がおまえの頭に経を突っ込むのだ。よいから、やってみなさい」

「でも、いくら神様でも、そんなことはとても不可能です……」

長谷川わかの抵抗を、神は無視した。

神は、「これから長谷川わかに般若心経を教える！」と、一段と大きな声で宣言した。「長谷川わかなる者、水を浴びて塩を撒け」

わかは、《いったい何をやり出すのだろう？》と、心の中で思いながら「はい、承知しました」と言った。

だが、そうは言ったものの、十二月半ばの特に寒い日である。寒い。寒いが、行きがかり上しかたがない。わかはお風呂場へ行って、着物を脱いで裸になった。

「ああ寒い……！」

震えたくなくとも、身体が自動的にブルブルと震えた。

《なんでわたしが水なんて浴びなければならないのだろう？》と思い、震えながら、風呂場の簀《す》の子に降りた。

夏なら涼しくてよいけれども、こんな冬のまっただ中の寒いときに水を浴びろだなんて、いったい、何てことだろう。でも、神と激しい喧嘩をしてもしかたがない。

水道から水を檜の桶に汲んで、水の冷たさを必死に我慢してザア、ザア、ザア、と三杯浴びた。タオルで身体を拭き、着物を着て、台所で塩を出して自分の身体に撒き、神前へ戻ってきちんと坐った。

「では、お願いします」

そういったのだが、どうも神は納得しない。

「態度が悪い。もう一辺やり直せ」と言う。

しかたがないから、またお風呂場へ行って、凍るような水を頭から浴びた。

「お願いします」

「まだ言い方が直っておらん。もう一度、初めから水を浴びて、やり直せ」

さすがに六回目に自分も真剣になってきて、冷水をたっぷりと頭から九杯浴び、真剣に塩で浄めた。そして、神前に坐った。

「ただいまは、凡夫の身にて、大変ご無礼申し上げました。長谷川わかの頼みでございます。どうぞ、立派に般若心経をあげることができますよう、お教え下さるように、ひとえにお願い致します」

「フム、よろしい！」

ようやく神が頷いた。長谷川わかの首、頭を、縦に振って、神が頷いたのであった。

はたから見ると、長谷川わかが一人で神前に坐って、一人でしゃべって頷いているように見える。しかし、実態は、長谷川わかという存在を神が使っているのである。長谷川わかに憑依して、長谷川わかの神経と声帯と生体と筋肉を使っているのだ。

「では、目をつぶっておれ」

神は、長谷川わかの頭の中でなく口で言う。場合によって異なる。

言われたとおり、目をつぶってジッとしていると、首筋のところに、急に氷をあてがわれたようなひどい冷たさを覚えた。氷より冷たい。

「あっ」とビックリして悲鳴を上げると、ひとりで何も見ずに、もう、お経をよんでいた。

般若心経を全く知らなかったとは思えない。

だが、そういうことになっていても、自分では、これが般若心経だかどうかは全然わからなかった。一分前まで、一行目の「ギョウジンハンニャハラミタ」以降は読んだこともなかったのだから、わかるはずがない。だが、神様が「憶えさせてやろう」と言ったわけだから、これが『般若心経』のはずなのだ。

念のために、もう一回初めから読んでみると、自分は何も知らないのに、口が勝手にスラスラとお経を読んだ。まさに定着している。そして、さっきおかしくて憶えにくかった「ギョウジンハンニャハラミタ」というところも、平気で唱えている。知らなかったはずのずっと先まで、何分もお経をあげている。最後は「ボジーソワカハンニャシンギョウ」で止まった。はたして、経を正しく読んだか、最後まで読んだのかどうかわからない。ちょうどそのとき(朝の十時)、日本橋の兜町から、証券の相場を靈視してもらいに、大勢ゾロゾロとやってきた。この頃は、まだ、証券会社の人たちに知られはじめたころだった。

彼らのための株の値段伺いが終わって、長谷川わかは言った。

「実は、たった今、わたしは神様から『般若心経』を憶えさせられたはずになっているのですけど、はたして、わたしが神様にあげさせられるのが『般若心経』で合っているかどうか、見ていて下さい」

仏教のことに詳しい人に経本を見ていてもらい、誦経してみると、「ええ、一字も間違っていませんよ」と言う。『般若心経』を正しく憶えさせられたことを証明してくれた。

こうして彼女は、自分の首の後ろのところ、延髄がゾクゾクッとするたびに、ひとつずつお経を憶えさせられることになった。「仏説不動経」「懺悔文」「禊《みそぎ》の祓《はら》い」「大祓《おおはら》いの詞《ことば》」「南無三十六童子」「不動尊剣功徳文」「不動尊祈り経」「聖無動尊大威怒王」「秘密陀羅尼経金剛手菩薩経」ほか、三十分もかかる長い経文をふくめて、合計二〇ばかりを、水を浴びて塩を撒くなどの準備時間を除くと、わずか一秒で生体記憶装置に記録してしまったわけだ。

ただし、私が彼女の般若心経をチェックしたとき、一語だけ違っているところがあった。それは、〈ヤクブーニョーゼー〉と言うべきところを、ヤクニョーゼーと略して読むところである。

あと〈等々呪〉は普通、節をつけずにトードーシューと読むが、彼女はトーオドーシュと読む。靈感により発現させられた読み方として自然な節がつくのであろうから、それが完全な間違いとは言えないだろう。

この違いは、新田の先生に教えられたのでもなく、ルールに沿ってやっているのでもなく、長谷川わかにおいてそうなっている。彼女のお経の節はとても美しい。大岡山の女性が「先生のお経を聞いていると、本当にウットリする。心が安まります」と言って、毎日聞きに来ていた程だ。

彼女は、広い神前の真ん中に天照皇大神宮の社《やしろ》を設置していて、いつも真っ先に天照皇大神宮を拝んでいた。理由を聞くと、天照皇大神宮は、根本で中心であるから、真ん中に据えて、真っ先に拝むのだという。日本人として当然だそうだ。

彼女は、神社でやる祝詞「祓いの言葉」「大祓詞」など、神道系の祝詞も多くやっていた。祝詞やお経は、神の声を誘ったり、靈を出現させるためにエンジンをかけるようなものである。脳の回路をそうしてスタートさせることによって、受信態勢が取れるのだ。拝んでいる途中でお経などがピタリと止まるとき、長谷川わかの頭の中では神の声が聞こえている。もしくは、神により靈が出現させられている。

我々があり得ないと思っても、これは事実である。そして、これが当たらなければよいのだが、驚くべきことに全部当たってしまうのだ。これを客観的に記述すると、科学の考え方と反発するためか、社会から反撃を受けてしまう。科学技術者としての信用や生命をも失ってしまう。

これは、どう扱ったらよいものだろうか。

13――神から試験問題を教えられる

◇GHQの指令による宗教指導者再教育

戦時中、何にも属さずフリーでいることは許されず、宗教的な指導をする者として、長谷川わかは神道の系統、御嶽《おんたけ》教に組み込まれていた。終戦後、GHQの指導によって、宗教指導者とされる人達に対して再教育がなされた。長谷川わかは、神道系に組み込まれていたから、國學院大學で行われた「宗教講座」を受けることになった。

講義開始の日、会場に行くと、大学の立派な教授が入れ替わり立ち替わり、講義を行った。だが、これまで裁縫しかやったことがない彼女には、いったい何をしゃべっているのか全然わからなかった。おまけに、アメリカの監督下で行われた講義だったためか、講師は軒並み英語ばかりしゃべっていて、英語を習ったこともない彼女には言葉そのものがさっぱり通じなかった。

黒板に書く字もろくに読めない。しかたがないから、格好だけ書いておけば、後で人に聞いて何とかなるだろうと、一画一画、文字を写生した。だが、やっと一文字完成したかと思うと、パーッと黒板を消されてしまう。先生によっては、左手に黒板消しを持って、英語の横文字を書くたびに消していくので、彼女がいくら一生懸命になっても何も書けない。

その講義では、キリスト教という名は出ないものの、〈啓示神学〉とか〈宗教学〉といったようなことを教えたらしい。

長谷川わかは、わけのわからない講義をやられて、頭にきた。

《どうにでもなれ。こんな試験を通らなくとも、ちゃんとわたしの頭の中には〈神の声〉があるのだ。こんなに苦労してやるまでもない》

あきらめきって、ノートもとらずただジッと目をつぶっていた。

一緒に来ていた他の聴講生達が、ヒソヒソと言った。

「あたしたちですらこんなに難しいのに、長谷川さんたら、ノートも取らないで、始めから終わりまで居眠りばかりしているわ。あれで試験になったら、どうするのかしら。落っこちるに決まっているわ。受かったらそれこそ見物だわね」

「そうよ、なんて不真面目な。長谷川わかでなくて、長谷川ばかだわ」

聴講生達は指をさしてわかを嘲笑した。女性たちは、一緒に帰ってもくれなくなった。

一ヶ月間の講習が終わって、試験になった。試験は、数人の教授による面接口頭試問であった。わかは教室で自分の順番を待って控えていた。

他の人達は、ノートに赤線を引いたり、メモを書き込んだりしている。わかは、すこし心配になってきた。なにせ、できる人達がさらに勉強しているのだ。

《これはすこし、自分も勉強せねばならない》と思った。しかし、自分のノートは、一ページに大きな字で一字ずつしか写生してないので、参考にしようがない。

「すみませんけど、わたしはノートを取りたかったのに、字が書けないし、先生がどんどん消してしまうので、記録できなかったのです。一ページばかり、書き写させて下さいませんか。急いで写しますから。それを見て勉強したいのですけど……」

「まあ、ずうずうしい、長谷川さんたら。いいですか、私たちは、講義のときに一生懸命やっているというのに、あなた一人だけ鼾《いびき》をかいてグーグー寝てばっかりいて……。それで、いざ試験のときになって、人が使っている帳面を写させてくれなんて、虫がよすぎるわ」

そう言って、誰もノートを貸してくれない。

隣の席の人のノートを横からのぞいても、わざと見えないように、ノートを屏風のように立ててしまう。

しかたがない。もう、神に頼るほかはない。

彼女は神に、どういう試験問題がこれから出されるのか教えてくれるように祈った。

《神よ、長谷川わかなる者、これから試験が始まろうとしています。わたしは何もわかりません。どうぞ神様、試験問題についてお教え下さいますように》

「よろしい」と、頭の中ですぐ反応があった。

《まことに恐れ入りますが、どうぞ一番をお教えください》

「問題は五つ出る。一番は、こういうことについて聞かれる」

やれ、助かった。

わかは、また心の中で《では、二番をお願いします》と唱えた。

「二番はこう。出題者は五人テーブルに座っていて、問題は、右に座っている人から、順々に入れ替わって、一問ずつ出す」

《では、三番は、どういう問題が出ますでしょうか？》

「三番は、こうだ……」

「四番はこう。五番は、ひねってあって、これこれという問題だ」

こうして、五番まで問題が全部わかった。

試験問題を教えてもらったら、もうしめたものだ。《さて…》と、長谷川わかは、その問題の答えを一つずつ考えた。しかし、一生懸命考えてみたけれど、一題としてわかるものはない。せっかく、神が教えてくれるという奇跡が起こったのに、情けないことに、人間側の責任で、答えがどうしてもわからない。まことに残念だ。もう、絶対に駄目だ。

わかは途方に暮れた。

すると、突然神が言った。

「おまえは、試験の答えを教えてくれと、なぜ神に頼まないのか」

「えっ、神様は試験の答えがわかるのですか?」

「そうだ。そんなことぐらい教えられなくては、神としていることはできない」

「でも、神様に教えてもらったら、違反になりはしませんか?」

あせって、自分の頭でもう一回考えてみたが、もともとたいしたことのない知識である。どうしても答えがわからない。

《えい、ままよ》と、長谷川わかは考えた。《問題が難しすぎて、どうにも自分の力では駄目でございます。どうぞ神様、試験の答えをお知らせ下さいますように》

心の中で、神に願いをかけた。

「一番は、こうこうと答えなさい」

なるほど、そうか。神は、なんとありがたいものなのだろう。長谷川わかは、そう実感しながら、答えを忘れぬうちに、急いでメモを取った。こうなったらしめたものだ。元気が出てくる。
《では、二番をお願いします》
「こう答えなさい」
《三番を》
「三番はこうだ」
《ここのところが呑み込めません。これは、どういう意味ですか？》
「それは、こういうことである」
《……わかりました。では、四番をお願いします》
「四番はこうだ」
《五番》
「五番はこう答えなさい。向こうは引っかけようとしてくるから、惑わされないように」
そうやって、全部、教えてもらうことができた。数分後に行われる試験に出題される〈試験の問題と答え〉が全部わかってしまったわけだ。
あとは、自分のメモを見て、神から教えてもらったことをそのまま試験官の前で答えればよい。想像しながら反芻してみる。
「五十番、長谷川わかさん。どうぞ！」

大きな声で、職員が呼んだ。わかは意気揚々として面接試験の行われる部屋へ入っていき、先生方にお辞儀をして、自分の名を名乗ってから椅子へ腰掛けた。

五人の宗教学の大学教授が、右から順番に一人一問ずつ、たった今神に教えてもらった問題を、寸分違わずに出題してきた。

神に教えられたとおりに答えると、試験官の先生は、みな「よろしい」と言った。部屋に戻ると、聴講生達は、まだ意地悪な薄笑いをしながら、彼女をチラチラ見返りヒソヒソとやっている。

後で結果が発表になったので見に行くと、一〇〇人受けて二〇人しか合格していなかった。合格者の成績順リストには〈長谷川わか〉という名前が一〇番に掲示されていた。わかは、《さすが、神様だわ。よかった!》とこっそり微笑んでいた。すると、例の聴講生の女性達が、みんな怒った顔をして近づいてきた。

「ちょっと長谷川さん、あんた、インチキしたでしょ。あんなに居眠りして、さぼっていた人が、こんな難しい試験に受かるわけはないわよ。ねえ、そうだわよね。一ヶ月も同じ教室で一緒にやって、あんたはずっと居眠りしていたわ。あたし達はずっと熱心に勉強していたんだから、みんなよく知っている。証人なのよ。あなたは絶対にカンニングをしたんだ、そうでしょう」

「いえ、わたしは……」

「絶対そうよ。あんたが落ちて、あたしたちが受かるべきだったのよ」

「私もそう思うわ。長谷川さんは、本当は落ちるべきだわ」

「汚いわ、言いつけてやる」

「いや、実を言いますと、わたしは黒板を写せなかったし、あなたがたに帳面も写させてもらえず、それで観念して、目をつぶっていたのです。それで、せっぱ詰まって、神に、試験問題と答えを教えてもらったのです」

「まあ、あんたという人は何という嘘つきな……。宗教者の端くれのくせに、神が試験の問題ばかりか、答えまでを教えてくれただなんて、馬鹿な話をして――。呆れてものが言えないわ。これで、あんたがカンニングしたことは明らかになったわね」

他の女性も、それに追随した。

「もし、あんたに虫ほどの良心があるのなら、私はカンニングしましたって、試験事務所に申し出なさいよ。あたし達がみんなでついていって、証明してあげるから。あんたの合格が取り消しになれば、私たちの誰かが合格するはずだもの」

長谷川わかは、皆の勢いに押されて、試験管理事務所に突き出された。

しかし、事務所側が言うには、この試験は、とくにGHQのガイドがあって、問題の漏洩を防ぐために、あらかじめ試験問題を書いたり印刷したりすることはなく、出題する教授は、他の教授の講義した内容から、その場で決めて出題する方式をとったから、カンニングなどはありえないということだった。

神が、情報を人間に教えてくれるということは、世界中の神学者や宗教学者、宗教家には知られていないらしい。

「その試験に合格した時にもらった免状が、あそこにかけてあるわ」と、長谷川わかが言った。そこには、真中に大きな菊の紋のある紙に「助教授を命ず。御嶽教」と書かれてあった。

◇長谷川わかの「神」をどう位置づけるか

「神の声は、実際、何が頭の中でしゃべるんでしょうねえ。不動明王でしょうか」

「……うん？『不動明王じゃない』って言ってますね……」

これでもない。あれでもない。名前のない神であるらしい。御嶽大明神かどうかは、質問するのを失念した。あまりにも現代や昔の外国のことに詳しいので、日本の神とは思えなかったこともある。

「どなたがしゃべるんだか、言ってくれなきゃわからない」

私は、頭を左右に振った。

なにせ、キリストもマリアも、天使だって出てきて話せるのだから、キリスト教の神ヤハウェと同一神格かと疑うことすらある。

『ウッフッフ。長谷川わかだって言っとけ』だって」

神はどうして、何度聞いても、絶対に名を名乗らないのか。

それに、長谷川わかにばかりしゃべっていて、私にはしゃべってくれないからつまらない。

「うっふっふっふ」

彼女は、また笑いをこらえている。それから、急に真面目な顔になった。

これは意外だ。彼女に対して何か悪いことをしただろうか。何もしていない。妙なことがあるものだ。

「神様が『しゃべるとは何だ。さっきから、しゃべる、しゃべるって、いったいどういう口の利き方か。長谷川、おまえの粗相であるぞ！』ってカンカンに怒っていますよ。そういう口の利き方を許しておくのはおまえが悪いって、叱られちゃった」

「………」

しかし、私は、嬉しいような気がした。こっちから楯突いたのだが、そのおかげで気心も知れてきて、彼女の神経を通して、間接的ではあるが、神は私に声を掛けてくれた。怒られているのがピンとこないまま、理性で《俺は今、長谷川わかの神に怒られている》と、心の中で自分に言い聞かせた。

「どうも、失礼しました。申し訳ない」私は言った。「では、しゃべると言わないで、何と申したらよいのでしょう？」

「神がしゃべるという言い方は、神を馬鹿にしていて、よくないのでしょう。〈神がお話しになる〉とか〈お話しされる〉という言い方をすればいいでしょう」と、彼女は微笑みながら言った。

「長谷川わかの頭の中でお話しになられて、わからないことを予言するのは、とても正確によく当たるから、役に立って重宝でございますね」

「あ、『重宝だとは失礼だ。神であるぞ！』と、言ってる……じゃない、お話しあそばされていらっしゃいますわ……」と言って、彼女は、また座敷で笑い転げた。――と思ったら、それより一段と声を立てて、真っ赤になって笑い出した。

「また言ってるよ。『大馬鹿者め！』だって」

――と思った次の瞬間には、今度は青くなっている。こうしたときは、彼女は神に厳しく怒られているのだ。

私は、神からも、読者からも顰蹙《ひんしゅく》を買うかもしれない（賛成されるかもしれない）が、じつはそのとき、神の心理反応の実験をしていたのだ。これだけ何回もやれば、神にも人格（神格）と感情と理性があるということを示せたと思う。

ある事象に再現性があるかないかということは、科学的なアプローチをするときに重要なことであるが、うまくいくかどうかは分野によって異なる。数学、物理学、化学の場合は、ほとんどうまくいくだろう。ところが、超常現象を見る場合においては、観察、実験に独特の考慮が必要である。超能力者を対象とするときも、特定の優秀な人物のみに注目して実験するべきである。つまり、書道において、字のうまい人は大勢いるだろう（普遍性）。また、何度でも美しい書を書くだろう（再現性）。だから、書道の下手な人を調査の対象に含めてはならない、ということと同じである。

◇長谷川わかの「神」を、何と呼称すべきか

一時は、私も神や靈という字を使うことに抵抗があった。しかし、その「しゃべる者」は、インテリで主体性があり、長谷川わかと人格を区別することができる。実存の強度も、

人間と同じくらいに強い。その名もなき何物かは、長谷川わかにとって全くの他者である。また、しゃべる者は、一人（一柱）だけではない。それらを、私が自分の嫌いでない言葉で、どのように名づけることができるか。何か記号をつけておかないと自分でも不便だし、長谷川わかとのコミュニケーションにも不便である。

それで、「神」と言う言葉を避けて、私の心の中で適当に仮称してみた。しかし、神靈という字を捨ててしまってはまずいところもある。

「神」という字の「示す」偏は、神を祀る祭壇を表徴している。旁《つくり》の「申す」は、口に舌があってしゃべる意味である。

「靈」という古い字体は、具体的に意味が見える。靈が雨→天《アメ》の領域に属すると表されたのであろう。「雨」冠の下に、口が横に並んで三つある。天の領界に属する者が口ぐちに言う、語る姿を表している。その下に、巫子の巫という形がある。これは、靈媒とサニワが座っている姿である。「巫」という装置のことである。等身大の肉体受話器によって、これとコミュニケーションすることを表している。

心靈現象のうち、神靈との問答を主とし、神靈に伺いをたてる日本的降靈実験では、靈媒（いわば、靈を人間に憑依させ、しゃべらせるための、特異脳、特異体質の実験台）は、気絶状態になり、靈媒の身体は生きていても、機能的には他者である靈的実存の作用に支配され、話し振舞うことになる。

冷静に観察してみると、そのしゃべる者は、透明人間のように主体性があり、優れた知情意を持っている。超靈長類である。自らを、自らとして、外のものと区別して、確実に把握することができる。一世代内の、脳の強制的進化ともいえるであろう。

その実存の強度も、長谷川わかに宿り話すものについて言えば、人間と同等以上である。名もなきその何物かは、長谷川わかにとって潜在意識でなく、《良心の声》でもなく、絶対的に他者の神靈存在である。

私は「神」「神靈」といった単語を避けて、その振舞いを表現するのに、心の中で「スピーカー」と仮称してみたりした。だが、つらつら考えるにどうも神や靈という字を捨てにくいのだ。

靈という字の作り方からして、古代中国にも日本的降靈実験的プロセスは必ずあったと考える。卑弥呼の霊感プロセスも同じであった。

14――株の高下を当てまくった

◇連日、株屋の連中に取り巻かれる

長谷川わかの、株式、証券、鉱山に対する靈視は、よく当たった実績がある。

株の値上がり値下がりを見るときは、紙に、いろいろな株式の銘柄の名前を、五銘柄、八銘柄と書き連ねて、売買したい株数も書いて長谷川わかに差し出すのだが、長谷川わかには、株のことや市場経済的なことは端《はな》からわからない。

株屋に聞かれたことを神に質問すると、神は「いま日本経済の状況はこうこうである。この株は買え。これは、売れ。これはもっと上がるから、いついつまで持ちなさい。これはすぐ売り払いなさい……」と教えてくれる。それを、オウム返しでそのまま質問者に伝えるわけだ。材料も靈感で見える。

聞いた人間は、個人ならそこで帰るが、証券会社の人間だと、たいてい、電話を使わせてくれと言った。駄目だと断ると、駅の公衆電話に走って兜町の証券会社に連絡し、担当者が売買の指令をするのである。電話をかけ終わると、すぐにまた長谷川わかのところへ

やって来て座敷に上がり、順番を待っている人のあとに座って株の新聞を見ている。そうして朝から夕方まで、一日中座敷に入り浸っているので、一人の株屋を一日に五回ほど見てやることになった。そんな株屋が、常時十五人ぐらいいた。それで、のべ五百銘柄ぐらいを調べていた。

公衆電話で自分の会社に連絡し、会社にいる社員が未来情報をリアルタイムに運用するのだ。兜町の証券会社の社員のなかには、会社へ行かずに、直接長谷川わかの自宅へ通勤する者もいた。朝七時ごろ、表を掃除しようとして箒をもって門を開けると、もうそこに背広を着た証券マンが大勢来て並んで待っているのであった。その人達は〈長谷川わかの神に聞くこと〉を仕事とする担当者達で、毎日長谷川わかの座敷にたむろし、二十畳ほどの座敷を独占しては、株を見てくれと交互に頼んだ。

そうなると、他の一般客に応対できなくなる。そこで、わざと毒にも薬にもならないことばかりを言っていたら、翌日からパタリと来なくなった。「株屋は現金なものだね」と、長谷川わかは言った。

ふつうの人間の技能に得意・不得意があるように、超能力者にも得意・不得意がある。株当ては、どの能力者でもできることではない。むしろ、できる人はまずいないと思ったほうがよい。形式的に真似をしてやったりすると、とんでもない大損失をこうむるのは目に見えている。総じて超能力による株当てはやるべきではないだろう。

◇一流企業の経営者が「神」を首実検

昭和二六年（一九五一年）、長谷川わかは、吉祥寺駅の近くにあった割烹料理屋「しのざき」の女将に依頼されて、そこの店の神棚を拝みに行った。

ふつう、神棚は自分で拝むものだ。神道では神社で神主に拝んでもらうが、それも一回だけで、地鎮祭以外では、神主が個人の家に来て拝んでくれるというのはないようだ。

しかし、長谷川わかは、頼まれて個人の家庭の神棚を拝むことは大いにやった。正しい靈感のある者がそこの家で拝むと、何か悪いことが起こるときには、神の声により警告が出るから、すぐその場で、悪いことを祓《はら》ってもらえる。効率がよい。訪問は一月に一回とか、定期に決めてあって、とくに依頼することがあれば、口頭でその場でやってもらう。

一般の人が神にじかに頼む場合、素人が自分で一回拝んだくらいでは効き目が少ない。願かけは、お百度を踏むぐらい熱心にやらないと通じにくいが、真正の強い靈感の持ち主に依頼して掛けてもらえば効く。

訪問時に、具体的な願望が起きていれば、解決すべく願を掛ける。たとえば、子供が受験するときは、受験の数日前くらいまでに、試験場で実力を発揮できるように神に頼む。どういうプロセスでこれが叶えられるかはよくわからない。

割烹料理屋「しのざき」の二階には、長谷川わかが準備するように指示したわけでもないのに、思ってもいなかった立派な白木の祭壇ができていた。結婚式にあるような神式の物だった。榊が用意してあった。

長谷川わかの神の拝み方は質素そのもので、祭壇など必要とせず、仰々しいものを用意すると、かえって、そんなところに神はいないといって怒られるぐらいだ。あまり制約もない。

彼女の神に名はなく、高度のレベルの神で、いきいきとした理性と感情と意思があって、親切で、優秀で、当て事の的中率も恐ろしくよい。質問する人は、こういうことを馬鹿にしている人でもよく、無信心であろうと、無神論であろうと、科学者であろうと、哲学教授であろうと、相手を問わない。学生でもサラリーマンでもOLでも商店主でも、主婦でも企業経営者でもまったく関係ない。

彼女の神のルールは、「禅仏教における十重禁戒」と「キリスト教の十戒」との両方を含んでいる。神道的、修験道的であるが、一方で禅宗的でもある。ヤハウェと同じか、違うのか。難しい。

神自身からは、「宗教としては違いがあるけれども、靈感の能力としては、おまえはキリスト教のイエスとそっくり同じである」と、断食のときに言われていた。

さて、「しのざき」の二階である。神が祀ってある隣の立派な部屋には、どこかの大きな会社の重役達が六人ほど集まっていた。彼らが重役だということは、神の声で教えられた。

「しのざき」の女将は、長谷川わかに拝むのを頼んだのだが、新しいお客が一階にどんどん来るので、なかなか二階へ上がって来られない。

両隣の襖は、開けっぴろげになっていた。

わかは、天照大神を祀ってある祭壇を拝もうとした。それは別に悪いことではない。だから、《そちらはそちら、こちらはこちら》で、どうせ女将がここへ来ても、横に座っているだけなのだし、頼まれたことを済ませてしまおうと思って、白木の祭壇に二本のローソクに火をつけ、祝詞の「禊《みそぎ》の祓」をあげ、「般若心経」をあげ、家内安全・無事息災、商売繁盛などの願を掛けるための祈祷を始めた。

それを見ていた隣の部屋の重役達が、わかを馬鹿にしてせせら笑いをしているのが拝みながらわかった。ひそひそ話でも、自動的に靈感で増幅されて大きな声で聞こえてくる。

「どうだい、どう思う、あれ。今時の世の中に、神や仏を拝んでどうなるものか」

「最低だよ、あんなの。まったくねえ。科学に反した迷信をやっている。これだから日本人は、欧米人から遅れをとってしまうのだ」

「おい、幹事さん、すぐ女将に目刺しの頭を注文してくれ。そこに立てて、この人に拝ませようじゃないか。わっはっは」

長谷川わかは、心の中で《この野郎どもめ》と思ったが、構わずに、襖を開けたまま、ジャンジャン拝みあげた。

拝み終わってローソクの火を消すと、「宝塚オガミ君！」という声が聞こえた。当時、わかは、白い着物に、女学大の卒業式みたいな紺色の袴をかぶせるように穿いていた。どことなく、宝塚歌劇団の一員のようにも見えないことはない。

どうやら自分のことを呼んでいるらしいとわかったが、よその人に呼ばれたので黙っていると、また呼ぶ声がする。

「宝塚オガミ君、オガミ！」

そっちを見ると、「おい！」と、今度は、でっぷりと太っている人が声を掛けてきた。

「わたくしのことでしょうか？」

「そうだ、あんたのことだ」

「なんでしょう？」

「あんた、そういうの拝んでどうするんだい？」

「はい、拝んで、わたくしの頭の中に〈神の声〉というのがあるので、それを聞いて、人間にはわからないことを教えてもらうのです」

「へえ、そんな、馬鹿げたことが！　おおかた、自分で考えて、そういう気持ちになるんだろう」

「人間が考えてわかるなら、なにも、わざわざこうやって拝む必要はありません」

「ふん、いかがわしいにも程がある。科学の盛んなこの時代にそんなことをしているなんて、同じ日本人として恥ずかしくなってくるよ。神がしゃべるなんて、本気で信じてやっているのかい」

「いいえ、わたくしは信じてなんかいません」

「それみろ。わかっていて、女将を騙して金を取るんだな。よくそんな商売をするな。女将も気の毒だ」

「そういうのとは違います。わたくしの頭の中で、神の声は嫌でも応でも、大きい声で聞こえるのです」

「あんた、ちょっとおかしいんじゃないの？」

脇にいた別の重役が、そこで口をはさんだ。

「いいや、ちょっと待った。そういうことはこの俺に任してくれ。――宝塚オガミさん、それは、こうなんじゃないのかね。あんたは、もともと自分でいろいろなことを知っているか、興信所なんかで調べて知っていて、それを元に自分の頭で推理して、答えを決めるのだよ。それを神がしゃべっているということにして、お金を取るんだ。そうやっているのに決まっているよ。それ以外に方法はありえないもんな。どうだい、図星だろう」

そこで、わかは言った。

「わたくしは、自分の頭の中にわたくしだけに聞こえる〈神の声〉があって、何でもその声に教えられるのです。これに質問して、いろいろ、人間にわからないことを知るのです」

「ふん、それじゃあ、ちょうどいいことがある。ちょっと見てもらいたいんだが……」

その重役は皆と顔を見合わせ、からかい気味に言った。

長谷川わかは、そこで白い祭壇を離れて、重役達のいる座敷のほうへ行き、女将自ら糠でピカピカに磨いた敷居のところに手をついた。

「失礼致します。……何でございましょう？」

「いま、大阪から人が来ることになっている。何時にここへ来るか来ないか、見てくれ」

「おやすいご用です」

長谷川わかは、祭壇に戻って、一度消した二本のローソクに火をつけて神に伺いを立てようとした。だが、どうやらすでに神は出っぱなしになっていたようだ。

《隣の部屋にいる客の待っている相手の人が何時に来るか、お知らせ下さいますように》と頼むと、すぐに頭の中で大きい声が響いた。

『この重役たちの待っている人は、午後四時ピッタリに来る』

そう聞こえた。当たるということは、自分の経験上間違いない。

わかは、再び重役達のいる部屋へ行き、はっきりと「その人は、午後四時ピッタリにここへ来ます」と言った。

「何だい、この、インチキめ。彼は電報で『今日の朝の汽車に乗って来るから、今日の午後六時にここへ着く』って言っているんだ。大阪から来るんだから、今日の午後六時前に来るなんて到底無理なのさ。ありえっこないよ」

「だから、さっきから俺は、こういうのおかしいって言っていたろう」

「どだい、こういう人に聞いてみようなんて間違いだった」

そんなふうに言って、皆で、さんざんに彼女のことをあざ笑った。

「でも、そういうので食っているんだろうから、哀れと言えば哀れなものだね。そうやって騙すみたいにするのも、生活上、仕方ないのだろう。でも、インチキということは明らかになった」

「そんなことは絶対ありません。『四時ピッタリに来る』とわたくしの神が言ったのですから、これが外れることはありません」

「馬鹿な。あきれたなあ、もう。救いようがない。だいたい、来るも来ないもないよ。もう一回、念のために調べたけれども、今日の午後四時にここへ来られる汽車なんか時刻表にないし、臨時の列車も出ていないもの」

「どういう都合でか、大阪からとっくに東京へ着いていて、予定よりここへ早く来られることだって、考えうるのではないでしょうか」

「じゃあ、お前、それまで待て」

柱の時計を見ると、ちょうど午後三時半だった。時間まであと三十分ある。三十分ぐらいなら待っていてあげようとわかは考えた。女将もまだ下にいて、お客に忙しいらしい。

「よろしゅうございます。はい、お待ちしましょう」

立派な背広を着た、頭の良さそうな重役達は、それぞれ腕時計を外して、黒檀の大きなテーブルの上にずらりと並べ、柱時計と見比べた。

「もし来なかったら、どうする」

「そのときは、わたくしの頭の中で話す神が予言を外したということです。もし万一にも外れたら、当たらない神なんて用はありませんから、わたくしの頭を首から斬って、お持ち下さい。ゴミ箱でもどこでも、お捨て下さって結構です」

「なかなか良いことを言うね。気に入ったぞ。では、こちらは何を賭けようか」

「いやあ、二十五才ぐらいの宝塚の女性の首持って帰れというならともかく、この宝塚オガミさんも、きれいだけれど、三十過ぎた宝塚オガミの首じゃあな。それに、生きたままなら株の値段の上がり下がりなんか当てるのに使えるかもしれないけど、当たらなかったら頭を首からちょん切っちゃうんだろ。首切ったら、死んじゃうじゃないか。もう当ててもらえないよな」

「――そうだ、こうしたらどうだ。宝塚オガミが死んでも、神だけをもらうっていうのは？」

「どうやって、そういうのは遺すんだ？」

「この人の代わりに、うちの社員の女性を連れてきて、そっちへ移植するんだよ」

「そういう宝塚みたいな人、うちの女性社員にいたっけかな」

「君たち、宝塚オガミ君よりも認識が浅いな。当たらない神なんかもらったって意味ないじゃないか」

「あ、そうか」

「当たれば価値があるからもらってもいいが……、いや、でも、もし当たったら、俺たちが負けたってことだから、もらえないなあ」

「当たり前じゃないか。当たったらもらうっていうんじゃ逆だぞ。当たったら、君が首を切るべきなんだぜ」

「おいおい、ちょっと待ってくれ。ちょっとこの俺に宣言させておいてくれ。もし、当たったら——こういうことは絶対にないとは思うがね——もしも当たったら、優先的に俺の秘書にするよ。そう宣言しておく。こういうのは夢のような話だが、当たったら最高に便利だもの。ぜひ、この人を生きたままもらいたいね。最初に言ったから、既得権だ。みなさん聞きましたね」

「何を言ってるんだい。当たったら、我々のほうの負けなんだから、われわれが切腹する立場なんだぞ」

「そうだな。当たったら、人間ごともらえるといいのだがなあ……。それで、うちのそばのアパートに住まわせておく」

「奥さんに言うぞ。浮気しているって。奥さん怒るぜ。大丈夫かい？」

「いやいや、それは冗談だよ」

「それじゃあ、賭にならんなあ。アハハ、いや、でも、そんな……そんなことはありえない。絶対に一〇〇％外れるに決まっているからな。そういう心配はする必要ないさ」

「まあいいや、俺は、彼が四時に来たならば、五百円出そう。まず、来ることはありえないからな」

「宝塚オガミ君、頭の中で、神の声があるなんて、そういう見え透いた嘘は休み休み言いなさいよ。そういうことは世の害毒になる。俺は、ここの女将じゃないから騙されないよ。騙そうたって、その手は食わない。本当に当たったら、これはもう、世の中ひっくり返すような大変なことになる。当たったら……そうだな、俺は、その十倍の五千円出してもよい。本当に当たったら、五千円札をこの女性に渡しても悔いはないさ」

「おまえもケチだなあ。当たったら、世の中の文明文化がひっくり返るって言いながら、たったの五千円というのは安すぎるぜ。向こうは、外れたら首斬って出すって言っているのに、こっちが勝ったら五千円じゃ、ケチの丸出しだ。悔いはないなんて言ったって、たったの五千円じゃね。当たったら、俺は必ず一〇〇万円出そう」

「おれは二〇〇万出す」

「おれは、ケチって言われるかも知れないが、一〇万円にしておくよ」

「じゃ、私は、五〇万円だ」

昭和二十六年（一九五一年）当時の一〇万円は、現在でいえば一〇〇万円か二〇〇万円ぐらいに相当するだろうか。

長谷川わかは言った。

「いいえ、わたくしは当たるのが当り前なんで、当たっても何もいりませんよ。大阪の人が午後四時に来るのが当たったら、ただ、当たったというだけで……それが、わたくしへの報酬で十分に満足です。当たるっていうことが、わたくしの職務上の命ですから。もちろん、大阪から来るべき人が来なくて外れたら、わたくしの頭を斬ってそちらにさし出しても、何も未練はありません。今日死んでも、なにも想い残すこともありませんもの」

「でもねえ…。こんなかよわそうな女性が、負けたら自分の頭を差し出して死ぬと言っているのに、俺たち大の男が七人もかかって、負けたら何もしないというんじゃ、男と女の立場がまるで逆じゃないか。釣り合いっていうのあるだろう。こっちばっかり勝手に有利にしちゃ卑怯だろう。そんなことをしたら、経営者の代表として恥になるしね。そればかりではない、日本人の男性の代表としても沽券にかかわる」

「そうだ」

「うん、そうだ」

その会合の中心になっている幹事役の人物が、皆を仕切って言った。

「よし、こういうことにしよう。みんな一律、一斉に一人あたり五百円ずつ出そう」

皆それぞれ、背広の内ポケットの財布から、青っぽいような五百円札を出して、黒檀のテーブルの腕時計の横へ並べて置いた。ずらっと、時計とお札が並んだ。五百円札には、蝶ネクタイを締めた岩倉具美の肖像が印刷されてあった。

　幹事役の重役が言った。

「あと、二十分だ」

　表面は平気にしているけれども、内心、わかは心配になってきた。神が「午後四時に来る」と確かに言ったが、神のほうから時計は見えるのだろうか。時刻はわかるのか。もしかして、来る予定になっていたのが、何らかの事故とか事情で遅れたりすることもあるのではないだろうか。一度不安になると、とたんに両脇の下からじわじわと冷や汗が流れるのが感じられる。

「心配ご無用！　心配ご無用！」

　頭の中で、神が大きな声で言っている。

　時間がどんどん経過していく。あと、八分、七分、重役代表が秒読みしはじめた。皆、時計を見ている。神に四時きっかりに来ると保証されていても、神から「心配ご無用」なんて言われても、不安なものは不安である。彼女は内心、半信半疑でいることしかできなかった。

「もう、あと五分だぞ」

「承知しております」

彼女の眼に東京の街の情景が見えてきた。タクシーが走っていて、自動車のエンジンの音が聞こえている。車の中で、運転手がハンドルを握ってあせって運転していて、とても身体の大きい人が客席に座っていた。

「しのざきへ会議までに着きたいんだ、急ぐんだ」と、お客が運転手を急かしている。《しのざき、しのざき……、確か、この辺だったがな》と、心の中で言っているのが靈聴で聞こえた。その人は、客席から運転席の隣へ身体を乗り出すようにして、この店を探している様子であった。これが見えて、わかはほっと息をついた。こうなったら、もう安心できる。こうなったら確実だ。

「一分でも外れたら、わたくしの頭を、首から斬り落として持っていって、よろしうございます」

「よし。女ながらよい覚悟だ」

「ブーーッ」

自動車の音が、だんだん大きく、近づいて来た。《やれやれ！　助かった》と思って安心していると、彼方へ走って行ってしまった。ああ、せっかく来たのに。わかは、本当に心配になってきた。さっき見えているから必ずまた来るとは思うが、乗ってきたタクシーの運転手が迷子になってしまって、ここに戻ってこなかったらどうしたものか。

「それ見なさい。今来る人は、タクシーは大嫌いなんだよ。タクシーには絶対に乗らない人なんだ。来るなら、電車で来て、駅から歩いて来るに決まっているんだ……」

「でも、その人は今、タクシーに乗って走っていますよ」

「なんで、そう言えるんだ」

「さっき見えたんです」

「見えた？」

「その、テーブルのそっち側のほうに座っている方たちの五〇センチくらい後ろに、タクシーの中が実物大の大きさで見えたのです。座席なんかも見えて、身体の大きい人が《しのざきって、たしか、この辺だったがなあ、いつもは歩いてくるから、車で来ると、感覚が違ってわかりにくくなってしまう》って考えながら、助手席のほうへ身を乗り出して、この店を一生懸命に探しているんです。そう見えるんです」

「馬鹿言うない。こっちは床の間じゃないか。走っているって、走っているなら道路を走っているんだろう。それが、二階にいる俺たちの後ろに見えるなんて、デタラメもいいところだ。現にまだ来ていないじゃないか」

「……あと、一分五〇秒しかないぞ」

厳然と、秒読みが始まった。

《まさか、外れたからといって、ほんとうに頭と首を斬って取りはしまいが、万一来なかったら、わたしの顔が立ちません。神様、長谷川わか一生のお願いです。どうぞ四時きっかりに、大阪の客をここへ来させて下さい》

わかは、表面は平然としていたが、額に汗がにじみ、脇の下からは、どっぷりと冷や汗が流れ出た。

「一分四八秒前、四七秒、四六、四五……」

「ブーッ……ブーッ……」

自動車のエンジンの音が次第に大きく聞こえてきた。わかの目に自動車の中が見えた。運転手がハンドルを握っている。後部座席には、とても身体の大きな人がつかえそうになって乗っているのが見える。目の前一メートルぐらいのところに、三次元で見えていた。さっき、ちょっと見えたタクシーと同じだ。乗っているこの客も同じ人だ。

《あっ、やっぱり来てくれた。神様》

長谷川わかは心の中で唱えた。

「そう心配しないでよろしい」と頭の中で聞こえる。

重役の一人が言った。

「ナニ、あれは全然関係ない、よその車さ」

そのとき、パタリ、と、「しのざき」の玄関の前で自動車が止まった。

「おーぅ！」

外の下のほうで男の太い声が聞こえた。階段の下から、女将が、

「太田さんが見えられましたヨーッ！」

と、かん高い声で言った。そのとき、クァーッ！　と音がした。それは、柱時計のゼンマイの音だった。時計は「チ〜ン、チ〜ン」と、午後四時を打ち始めた。

四つ目のカネが鳴り始めようとしたとき、太田と呼ばれた人物はちょうど座敷の敷居を跨ぐところだった。四つめが鳴り終ったとき、太田の身体は完全に座敷の中に入っていた。

重役の一人が、左右に大きく首を振った。他の一人も、腕を組んで首を振った。

「……いや、こりゃあ凄い！」

「ううむ、大したものだ」

「これは、どうなっているんだ」

重役たちは、皆、大きな声で叫び、唸った。

「いやあ、これは大したものだ、大変なものだ。驚いた。こんな人間ているのかねえ。実に驚いたなあ。本当に、心の底から驚いた。驚ききれないぐらいだが……」

一方、太田は、座敷に立ったまま変な顔をした。

「何だい、みんな。テーブルの上へ時計とお札をずっと並べて、さっきから変な顔して、僕の顔をジロジロ見て……哲学者みたいに考えこんだり、腕組みなんかして唸っていて……。僕の来るのが、そんなに大した、驚くべきことなのかい?」

「いやあ、この、宝塚オガミさん、名前がわからないから、勝手にあだ名でそう言っていたんだが。この女性が、君が四時キッカリにここへ来るって言い張るから、まさかそんなはずは絶対にないって賭けになってね……もし、来なかったら、彼女、首をさし出すって言ったんだ」

「ええっ、なんでこの人は、僕が早く来るのを知っていたんだい? 僕は、大阪の支店にも、家内にも、誰にも言わないで来たんだけれど……。今日だって、本社の秘書にも交換台にも電話かけないで来たんだけどね」

「信じられんだろうが……あの、ちょっと失礼ですが、お名前を教えて下さいませんか?」

「長谷川わかと言います」

「この、長谷川わかさんという人はね、頭の中で神のしゃべる声が聞こえて、それにたずねれば、何でもかんでも正しくわかるそうなのだ。つまり、未来のことが聞こえたり見えたりして、わかっちゃうらしいんだよ。それで、君が今日の四時キッカリに来るって言ったんだ。

それにしても、何だって君は『今日の日の午後六時に行く』なんてわざわざ大阪から電報なんか打ったくせに、四時に来たんだい。お陰で、七人とも皆、賭け金を損しちまったよ。もう、絶対に来る訳はないって、俺たち皆、一人五百円も賭けちゃった。おまえも五百円出せ」

「いや、それは済まなかったなあ。昨日は、六時にここへ着く予定で出発しようと電報を打ったんだけど、それからすぐに思い直して、そのまま大阪から出発して来ちゃったんだ。それで、昨日の晩には東京に着いていたんだよ。今日は、皆が待っているといけないと思って、タクシーを拾ってきたんだ。一度この近くまで来たんだが、しのざきが見つからなくてね。また駅のほうの通りを一巡りして、気をつけて走ってきたんだ」

「しかし、わからないなあ！　こういうことが、実際にあるものなのかな」

「たしかに、八人で体験した事実だけども、信じられない。信じられないけど、絶対の事実だよ。どうしてこんなことがわかるのかな」

「人間にはわからないことを、神が何でも知っていますもの」彼女は、意気揚々と答えた。

「うむ、世の中には、不思議なこともあるものだなあ」

「こんなのってあるものなんだね」

重役達は口々に感心しながらも、再び考え込んだ。

「してみると、俺達も、この現実の世界というものを、もっと真剣に考え直さなけりゃならんなあ」

皆、真剣で大真面目だった。

さすがに企業の経営者たちだ。彼らは、経験と知性と判断力のある人たちであるとわかは思った。疑って批判していても、いったん当たれば素直にそれを認め、貶《けな》すことはしない。

以前、わかは、靈言が当たったが故に、使い込みをやっていた八人の村役人に鉄瓶で頭から熱湯をかけられ、殺されそうになったことがある。熱湯は、土間に座っているわかの頭から十センチぐらいのところで透明なビニール傘のように飛び散り、わかの座っていた周りは乾いたままだった。かえって、熱湯をかけようとした一人が両足に大火傷をして、リヤカーで病院へ運ばれていった。

重役の一人が言った。

「俺は、絶対そんなことはないと、自分自身で今まで思っていたが、こうなってみると、俺は長い間、ずっと勘違いしていたということになる。しかし、どうしてこういうことが人間にわかるのか、どう考えても、俺の頭ではわからない。俺は、自分の頭や、知能の程度の発達が足りないのかもしれん」

「いや、それは違うと思うぞ。これまでの学問じゃ、こんなことはいくらやったってわかるまい。どんなに研究したってわからないが、いつか科学技術が発展していって、どういう優れた方法でか、解明できる方向へ進めるといいと思うな」

◇刑事が一人紛れ込んでいるのを見破る

太田の出した五百円札も加えて、長谷川わかは、合計四千円を受け取った。一九九七年の貨幣価値に換算して、八万円相当をもらったことになる。

「長谷川先生、僕のことを見てみてくれないか」

重役の中の一人で、角の席に座っていた人が、乗り出してきて言った。

「あなたは、重役さん達の仲間にいるけど、一人だけ刑事さんですね」長谷川わかが答えた。

「うん？　どうしてそれがわかるんだ。今日は、ちょっと、この人達以外のまわりの人には身分を隠しているんだ。だから、ここの女将にも僕が刑事だっていうことは内緒にしておいてくれよ。――僕のことを刑事だと言うのは、目つきや何かでわかるのかね」

「いいえ、先ほども申し上げたように、わたくしには、頭の中に《神の声》というものがあって、それがわたくしの頭の中で、非常に活発に、何でもしゃべって教えてくれるのです」

「それは、自分で考えることが聞こえるんじゃないのかね」

「違います。だって、わたしの知らないことだって知らせてきますもの。たとえば、刑事さんは、夜になると外が見えなくなる鳥目《とりめ》でお困りでしょう。こういうのって、わたしは知らないことですけど、たったいま、神が教えてくれました」

「えっ！……うーん、実は、警察署の上司や仲間に知られると他の勤務に廻されるから秘密にしているのだが、先生は、そんなことまでわかるのですか」

「ええ、わたくしの頭の中で何でもわかります。さっき『ここに集まっている六人は、こういうところの会社の重役だが、一人だけ、あそこの角に座っているのは刑事であるぞ。この刑事は、身分を隠している』って教えてくれたのです」

「僕の目は、病院へ行って医者に診せて、瞼をひっくり返してみてもなんともないらしい。昼間はなんともないが、夜になると目が見えなくなってしまう。とても困っているんだ。皆さん、他言無用ですよ」

「それで、これからみなさんで相談なさるんでしょう？」

「それ、どういうことをおっしゃっているのですか？」

「お宅の会社の、社内の経理上の問題のことです」

わかの言葉に、重役たちは、皆、互いに顔を見合わせた。

「女将さんに聞いたんですか？」

「女将さんは、知りませんよ」

「じゃあ、どうやって知ったんですか」

「わたしの神が教えてくれました」

「そういう、込み入った複雑なことまでわかるというのでしたら、かえってありがたいですね。我々も、どうやって調べるか糸口がつかめなくて、それでこうして集まって相談しようとしていたんです」

それで、ぜひこの件について神に質問していただきたいということになった。


重役たちと刑事は、みな、祭壇の祀ってある部屋に移動した。ローソクに火を点す。ローソクの火は彼女の神には不要であるが、目をつぶって見える火が、彼女自身にとって、自分の靈感の調子のバロメーターになるものだ。そのため、習慣上そうやっている。

事件内容について、わかが神に質問した。

「先程、神様の教えてくださいました、この重役たちの会社の経理の事件のことを知りたいので、詳しくお教えくださいますようお願いします」

すると、四秒ぐらいで答えが出てきた。

神によると、それは企業内での大金横領の犯罪事件であるという。この会社の東京支社と大阪支社にまたがって、四つの部門の人達がグルになって経理操作をやり、金銭の横領をしていたのである。

最初に、長谷川わかの視野に犯人達の顔が四人見えて、どういう不正をやったか、概要の説明があった。次に、一人ずつ犯人の肖像が見えてきて、事務所の座席位置が示され、その各々について、やったことや伝票が鮮明に見える。不正処理をやっている現場が見えた。具体的に何をしたのかわかり、かつ神からの解説もあったので、彼女は神から言われるままにおうむ返しに伝達した。内容のわかりにくいところは重役側で質問して、犯罪内容が全て明らかになった。

今日会ったばかりの、馬鹿にしてからかっていた女性である。その女性が、自分たちの会社を知らない、大阪支店があるとも知らないのに、重役も知らないことを――犯罪をなした犯人たちの顔や、背格好、社内で座っている席の場所、どういう方法で不正な経理をしているかまですべて明らかにして、犯罪事件の仕組みを詳しく教えたのであった。

こうして、六ヶ月かかっても解決困難と思われていた事件について、わかは片手間に達成してしまった。重役たちは、〈長谷川わかの神の声〉なるものは、時間を当てるくらいの単純なものと思っていたが、現実に、自分達の会社の犯罪が全部解明されてしまったので、仰天し、大きな知的衝撃を受けた。彼らは、この分の謝礼もしたいといったが、わかは、すでに賭け金を十分もらったから要らないと断った。

後日、公金横領をやった四人は警察に逮捕され、新聞にも出た。世の中では、神言は当たったが故に隠さねばならないこともある。こういう方面は実に難しい。

この日、最後に刑事が聞いた。

「自分の目は、どうやったら治るんでしょうか……」

この人は、日を改めて彼女の家に来させて、いつもやるように神に拝んで靈癒（靈治療）してあげた。刑事の病気は神経性の夜盲症であったからすぐに治った。靈的なことと神経的なことは非常に近く、靈癒で治りやすいものだ。その刑事は、「これで捜査上、支障になって困っていた身体上の故障がなくなった」と、とても感謝した。

この刑事は真面目な顔をして言った。

「実は、もう一つ心配があるのです。自分は刑事をやっているのに娘がとても不良でして、警察の職務を預かっている身として、職業柄、非常に困っているのです。何とか娘を立ち直らせてもらえませんか」

「刑事さん、神は『この刑事は口では娘のことをそう言っているが、本当は、この刑事の娘はまじめな高校生で、不良などではない。親孝行な、とても良い娘だ。刑事は、おまえの、長谷川わかの能力を試すために、わざと嘘をついて言っているのだ。本当は、娘は内臓の病気を患っている。刑事はそれをおまえに治してもらいたいのだ』と言っていますよ」

刑事はその言葉を聞いて、ひたすらに嘘を詫びた。

「その通りです。娘の病気をぜひ治していただきたい。先生が、遠く離れた娘のこともわかるのか、知りたかったのです。娘を不良だと嘘をついたのは、わざとデタラメを言っても先生が娘の病状を正確に診断できるなら、それだけ先生が病気を治せる力が強いはずだと、そう思ったのです。力が強ければ、必ず娘が病気から救われると強い確信が持てるし、こういうのに反対する家内も納得します。希望も持てます。だから、安心のために言ったのです」

それで、わかは刑事の家へ行って、かなり重い娘の内臓の病気も霊癒してあげた。刑事は、親子ともに病気や苦労がなくなり、警察の仕事にますます没頭できるようになった。

さて、重役たちの顛末は以下の通りだった。

自社内部の犯罪を、〈長谷川わかの神の声〉の霊感で発見し解決できたのである。自分たちは、その証人である。しかし、こんなことをやったのが公になったら、問題になる。

「女性相手に賭をやって負けて、おまけに、その女性に助けてもらったなんて言えないよ。見識を疑われる。世間から馬鹿にされて、会社の評判も落ちて、株の値段だって下がるだろう。科学的な事業をしている会社のくせに、神の声だなんてうつつをぬかすから社内犯罪が起こるのだと言われてしまう」

そうして大勢から批判されるのを恐れ、企業としてはやむをえず、わかに援助してもらったことを隠し切った。

「いいか、社内でも社外でも一切このことは話すな。家内にも、家族にも、知人にも親戚にも言わないように。すべて警察で調べてやってもらったことにする」

そういうことにした。

重役達自身は、内心では、こういう能力の威力に驚嘆し、大いに感謝していた。

15——大学助教授の胎児が命乞い

◇胎教の原理

あるとき、長谷川わかが、ゾロアスター教的ミサを行った。彼女を慕うグループが五十人ぐらい集まって、護摩台で護摩木を燃やして盛んに拝むのである。護摩を焚くと、霊がどんどん、たくさん出る。その霊が苦しい状態になっているのを楽にしてあげられる、という効果もある。

そうして拝んでいると、某大学の助教授が、男の子を連れて門を通って玄関までやって来たのが、護摩台のところで目をつぶって拝んでいるままで見えた。

彼女の霊視野に、助教授の奥さんの子宮の内部が真っ赤に見えた。赤い背景に、ちゃんと赤ん坊の形にできあがった姿の胎児が逆さになっている。その助教授が靴を脱いで、護摩台を設けてある座敷へ上がったときに、突然、座敷中にも、隣近所にも響きわたるような大声で、

「どうぞ、命ばかりは、お助けください！」

と、わかの口から靈言が出た。

助教授の奥さんのお腹の中にいる胎児の靈が、長谷川わかの口を使って大声に叫んだのである。声帯を使われた長谷川わか本人は、自分でしゃべったことはわかるが、なぜそう言ったのか事情が判らない。《変だなあ》と思いながら、助教授にたずねた。

「先生、先生の奥さんのお腹の赤ん坊が『命ばかりは助けてください』って言ってるよ。どうしたの？」

助教授は、目を白黒させている。

「長谷川先生、実はたった今、赤ん坊をおろすために、家内を病院へ送ってきたんです」

「……まあ……『僕は科学や勉強が大好きで、こんど大学の先生の家に生まれるからとても楽しみにしていたのに、両親とお医者さんとで僕を殺そうとしているんです』って、聞こえていますよ」

わかの言葉を聞いた助教授は、瞬間真っ青になって、赤ん坊をおろすのを止めさせるために病院へとんぼ返りしていった。

「今飛んできたかと思ったら、奥さんのお腹の子供に『お父さん、命だけは助けてください』といわれて、びっくりして、またすぐ飛んで戻ったのよ、大学の先生が。みんなの見ている前で。もうおかしくて！　今思い出しても、おかしくてたまらないよ」

彼女の目には、助教授が小さな男の子の手をひんもげそうに引っ張りながら、青くなって駅のほうへすっとんで行く後ろ姿がずっと見えていたそうだ。

「女性のお腹の中に入っている胎児がしゃべるのですか」

「そう、助教授の先生は、歳がちょうど盛りだから、子供ができる時期だったのね。胎児でも、みな生まれ変わってくる靈だから、ちゃんと言葉を話しますよ」

他の大人の靈が、赤ん坊の代弁をしてあげるのだろうかとも思ったが、わかは、胎児は靈だから、生まれ変わってくるときにも、すでに人格や言葉を持っていて、胎児自身でしゃべるというのだ。

なるほど、胎教はこういうコミュニケーションの原理でできるらしい。

16――《ヴィーナスの誕生》

◇生まれたままの姿で現れた女神

青空の下で実験をしていたら、長谷川わかが、「とても美しい女性が歩いてきた」と言った。

彼女は特別の靈視能力を持つ女性である。靈視聴を妨げないために、しばらくの間、私は質問せずに黙って立っていて、彼女が靈視聴するに任せることにした。

「ウフ、フフッ」

わかは笑っているのだろうか？　それにしては真面目な声だ。

「ウフッツ、ツイィ、……ええと、うまく言えないのです。その場所に、生まれたままの、とてもきれいな女の人が、素っ裸で立っているの」

「……生まれたての、女の可愛い、きれいな赤ちゃんですか」

「毛を隠してここに立っているのです」

「生まれたままで、もう、そうなっているのですか？」

「手で隠してるから、そうなんでしょう。色が白いっていうより、……輝いているような肌です。生き生きして。背も高いの」

「身長は何センチぐらいですか？」

「さっき話していた『忠臣蔵』の、大石さんの息子さんと大体同じ、一七三センチ……そのぐらいに見えます」

「じゃあ、《モナリザ》ではないですね。そのいま出ている女性というのは、年齢はいくつぐらいでしょうか」

「少女ではないですね。もっと、ずっと成長して、大学を卒業して会社勤めしているＯＬぐらいです。二十代の後半の方ね。見た目には、ちょっと歳はわかりにくいですけど……。成人で、青春のなかば、これから盛りみたいな、とても新鮮な感じの女の人です。二十六、七ぐらいかしら。とても素晴らしい肉体美ですよ。とてもきれい。女のわたしでも、みとれちゃうぐらい。靈感で見えているままに言ったのよ。ちょっと、その辺にはいないっていうくらいきれいだわ。

女性としては成熟しているけれど、でも、少女みたいにはにかんで、恥じらいがあって、わたしより背が高いけど、可愛くて、清々しいわ。ういういしくて、若さがあって、とても魅力的な女性です」

「ふうん。美しい映画女優とかを加えて平均したというような？　花で言うと、芍薬と百合とバラとチューリップを加えて、そして、ヌードにしたっていうみたいなのですか」

「そんなのよりもっときれい！　場所は、海辺っていう感じですね。でも、この女性は、初めから、ブラジャーも水着も着ていないで見え始めたのです。海水浴だったら、せめて、ビキニくらい着るわね。どういうのかしら、こういう絵なのでしょうか。

ふつうに、お乳も出して、胸張って堂々としているわ。《おかしいなあ、こんなことってあるわけないいけど》って、目をこすって瞬いてみても、そうすればそうするほどはっきり、ずっとよく見えるのです。姿がすらっとしていて、色白です。誇らしそうに胸を張っているの」


わかの目には、時折そんなふうに女性の裸が見えることがある。

「銀座や渋谷の街のまっ昼間の通りで、店も賑やかにやっているし、男も女も大勢歩いている、もちろん全員洋服を着ていますよ。そのなかで、特定の女性だけがオフロ屋さんにいるみたいに裸なのです。

もし、本当に、きれいな女性が全裸で歩いているのだったら、若い男の人は文句言わないでしょうが、なんたって、みんな騒ぎ出すでしょう。お巡りさんだって見過ごさないでしょう。でも、誰も全然気にもせずに、あっちへ行く人もこっちへ来る人も、すぐ傍を通っても振り返りもしないで歩いていくのです。わたしにだけ、裸に見えているのです。するとね、わたしの頭の中で、『この人は、今年のミス日本に選出された人だから、日本の女性として理想的な身体だ。参考によく見ておきなさい』……って、そういうふうに言うのね。わたし、頼まれて女性の健康のことも見るでしょう。病院で検査できない、検査方法がないとか、検査すると危険なものとか、診断がわからないのも見ます。だから、特別に参考にしろっていう意味で神が見せるんです」

理想的な女性の身体の標準。なるほど、彼女は、乳癌など、女性器官の内臓透視とか、子宮内透視で、胎児の男女の見分けも非常に精密にできる。長谷川わかのやり方は、超音波による検査よりもはるかに高精度だ。

肺病、胃や腸の中の状態、肝臓なども含めて、洋服を着たままで五分ぐらいで健康診断ができてしまう。病院へ行って予約したりする必要もない。異常があるとわかれば、すぐに病院へ行けばよい。原因はわかっているので、病院でも診断に手間も時間もかからない。

「……ですから、これって、日本でのことだとばっかり思っていたのです。女の人の裸も、いつもと同じなのかしらって思っていたのです。でも、これはちょっと違うのね。

海の泡から生まれたのかしら、大きい白い貝の中から立っていて……海の底にあるような貝よ。でも、これは海辺です。白い貝、手前の方が、小さい富士山みたいになっている。髪の毛で体を隠しているの。金髪が膝ぐらいまでもあるわね。でもこれ、本当の人間が見えているのじゃないわ。絵になっています。愛と美の女神を絵に描いたっていうのだか、天使みたいなのかしら。ヨーロッパのほうの外人の青春を象徴するような、女性の姿です。

左の上の斜めのほうから、息を引っかけている人がいるわね。これ、天使かしら。天使にしちゃ、品はそんなに良くないし人相も良くないけど。風の神かしら？」

「空中サーカスみたいに、ジャンプして浮かんでいるのですか？」

「そう。男と女と肩を組んで互いに抱っこしているみたいになって、左上のほうから息を吹いている。このきれいな人に命を吹き込んでいるっていう意味なのかしらね。これ、やっぱり絵ですわね。そうだ。絵にしちゃあんまりにも大きすぎるから、本物の事実のことかなと思ってしまいました」

「それって、何なのでしょう」

「……そうか。これ、ヴィーナスの生まれたばっかりっていうところの絵です」

と、長谷川わかは言った。

「これ、《ヴィーナスの誕生》っていう題の絵ですね。そういうような言い伝えなのでしようか。画家がこういう絵を描こうとしたという、画想が入っているのです。この若い女神、女の青春の天使、愛の少女……そういうものを、この女性のヌードを借りて絵に表したのです。

愛と美の女神が海の泡から、今、生まれたっていうところなんだわ。それで、海辺に立っているんだ。白い大きい貝殻のなかで」

わかは、こういう絵から画家の画想を引っ張りだすらしい。

「この女の人は裸ですから、風邪引いちゃ大変っていうのかしら、右のほうの女の人が、あわてて、マントか覆いかなにかを、このヴィーナスに掛けようとしています。マントか、毛布かわかりませんが、エビ茶っぽい模様の」

「どういう模様ですか?」

「こまかい、パターン化された模様ね、たくさんついています。その覆いをかけようとしたまま止まっているの」

私は、その話を聞いた当時は、ミロのヴィーナスは知っていたが、別のヴィーナスというのは聞いたことがなかった。

「先生、どうせなら愛と美の女神ヴィーナスの本物が見えると、最高に面白いのですけれど」

「……本物っていうことは本物。女神の、生きている本物ではあるのですけれど……」

でも、本物の女神だったら人間には見えないだろう。愛と美の女神の本物を、できれば見てみたいものだ。それに、はたして絵だったとして、この絵が実在しているのだろうか。こころ細い。私は、そういう美術に縁もゆかりもなかったので、できる限りくわしく絵のことを聞き出そうと思った。

「その絵って、どのぐらい大きいですか」

「お風呂屋さんの絵ぐらいいね」

「何が書かれた絵でしょうか」

「とてもきれいな女性の声で、『アフロディーテ……』って聞こえました。オフロ屋さんの湯舟の上のところの富士山や三保の松原なんかの絵ぐらい大きくて、それを背景にして、まん中に、このお嬢さんが大きい白い貝の中から立っているの。

貝殻が半ぺらだけで、七、八〇センチくらいもある大きい物です。かっこうは赤貝みたいのに似ていて、貝殻の縁が波みたいな形になっているの。そして、貝の下のほうが浮世絵の富士山みたいになって見えているの。

……女性は、生きている人間と同じ、等身大に見えています。これを描いた絵かきは、立体に見えるように描いたのでしょう。横から見ると、これは絵の具の厚さしかなくて平べったいから、絵に間違いないわ。

でも、これ、展覧会に展示されている絵にしちゃ、バカに大きすぎるし、こんな大きい絵ってあるのかしら。それに、これのある部屋がとても暗いのです」

「ヴィーナス」のことを、ギリシャ神話では「アフロディーテ」というそうだ。これは後にソクラテスと対話したとき、彼が教えてくれた。

◇もうひとつのヴィーナス

「幼児みたいな弓矢をもっているのはいますか？　撃たれると、相手の人を好きになっちゃうっていうの……」

「そういうのはいませんね。それがあるのは、これとはまた違うヴィーナスのほうね。天使がいるほうは、青い海に背泳ぎしているみたいになっていて。青い海の、白くなっている波の上に浮かんで横になって女性が寝ていて、その上に幼児の天使が飛んでいます」

「何人ぐらい飛んでいますか？」

「五人です。こっちのヴィーナスは、身体が白くて色っぽくって、色気があるっていうふうね。金髪というより、もっと濃い髪色です。金髪と茶色の毛の間ぐらいかな。さっきのヴィーナスは、若い人向きで、こっちは、もうちょっと歳上《としうえ》向きです」

「その絵のモデルは見えますか」

「……出てきませんね。出ないっていうところをみると、これは、モデルなしで絵かきが自分の想像で描いたのでしょう。この絵は、ナポレオンが惚れて買ったのですって」

ナポレオンが買っただなんて、本当だろうか。

長谷川わかは、街の裁縫の先生のところへ通って、結婚後も裁縫ばかりやっていたふつうの婦人であるから、あまり日本史も世界史も知らない。そういう人間が、ナポレオンがどうのと言うことを、神からいわれるままに話しているわけだ。私も、あまり歴史に詳しいわけではないから、ナポレオンと聞くと有名なナポレオン・ボナパルトしか思い浮かばず混乱した。

のちに、わかの言った絵はカバネラの《ヴィーナスの誕生》であるとわかった。わかの言ったナポレオンとは、ナポレオン三世のことである。ナポレオン三世は、この絵を見てすぐ気に入って買ったのだという。

◇《ヴィーナスの誕生》の絵は、どこにあるのか？

「この、さっきから見ている大きい絵ですが、絵の中の海の波は、千代紙に似ています。波は空色で、花咲じいさんが花を咲かせたみたいに、薔薇に似た花が、ヴィーナスの誕生を祝福しているみたいに、天から空中に降って来ているみたい……」

「そんな絵、あるでしょうか。地球上に存在していますか」

「……この絵が展示してある状態が見えているのか、それとも、未来になっての展示状態が見えるのかははっきりしませんけど、間違いなくすでに描いてあって、どこか地上にあるのでしょう。こういう絵があるのです。最近になって、新規に、こういう絵を描きましたっていう感じではないです」

本当にあるのなら、あるという場所を知っておきたかった。いつの日か、それが当たったかどうかの結果を検証するためでもある。私は、その絵がどこにあるのかたずねてみた。

「うす暗い倉庫みたいな所です。お役所かしら？　そんなふうに見えます。昔のオフィスですね。でも、こういう古臭い石づくりのお堅い役所で、こんなに大きなストリップの絵なんか掲げないでしょうし。へんねえ」

「よく見てください」

「うす暗い倉庫みたいな……いいえ、ここ、美術館らしいわ」

「どうして、美術館だってわかるのですか」

「見学者が大勢で見ています。美術館の展示室の中でも割合に広い部屋。片側の壁いっぱいに取り付けてあるのね。明るくはない部屋。人がたくさんいるわ。よくわかりませんが、こういう状態で陳列されてあるのでしょう。

なんだか、美術館らしくない暗い部屋ね。絵を見せるっていうのに、こんなにわざと暗くして展示して……ちゃんと見えるのかしら……おかしいわね。やっぱり倉庫で、倉庫のなかで絵の下見をしているのかしら？」

「先生が靈視で見るときには、物理的な実際より暗くなって見えるということなのじゃないですか」

「そうじゃないの。ふつうだったら、ちゃんと明るく見えますよ。この部屋の隣やまわりの展示室を見てみたら、そっちは明るかったわ。わたしの靈感の見え方の問題じゃなく、この部屋だけ特別に暗くしてあるのです」

「まわりの部屋をどうやって見て廻ったのですか？」

「わたしの身体はあなたとここに向かい合っているままですが、わたしの視覚だけが、その周りの部屋を、透明人間みたいに空中を廻って見て歩いたんです」

ヴィーナスを見る直前には、彼女は江戸時代の「忠臣蔵」の刃傷の理由である、清々しい白い肌の女性を、大石内蔵助と対話しながら詳しく見ていた。それが、姿が似ているということで共鳴して、一瞬二瞬にしてルネッサンスの時代に行って、そこからすぐに現代のイタリアの美術館を観察していることになる。

「この絵を見ている人達は、バスケットシューズや運動靴を履いている人もあるし、いまの時代の外国人です。着ているものも現代の服装だわ。コートもよく見る現代の洋服のデザインです。大体みんな背が高いほうだし、茶色い髪や金髪の方が多いから、きっとアメリカやヨーロッパにいる外人ということでしょう。立ってじっとこの絵に見入っていたり、広い部屋の中を歩いているわ。この部屋に、すこしだけほかの絵もあるわね。

この美術館の名前。ここって、ウッフッツィー、あれ？　ウフッツ、ウフィッツィー美術館です。イタリアにあるのね」

「だれか、そっちで見えているところに、美術館の人が出てきて教えてくれたのですか？」

「いいえ、ここへ来て見学している人が、入口から入ってくるときに言っていたのです。男と女の若い人で、入口に近づいてくるとき、ウフィッツィー、ウフィッツィーを見ようって言って……外人のくせに、わたしと一緒でうまく言えないのね。入口の所でキップを買って、この部屋へ来たの。それで、わたしも、透明人間みたいに、その人達のあとについてきたわけ」

「それは何語で言っていましたか？」

「英語ですね、世界のいろんな国から来ているわ。こういうのは、言っている内容は何語でしゃべっていても同じなの。わかるのです」

「どういう国から来ていますか？」

「今のはアメリカから来た人です。あとは、フランス、ドイツ、イタリア、それから、オーストラリア、イギリスなど、そのほかの国からも来ています」


長谷川わかは、人間にわからないことに答えを得る専門家の靈感師だ。だが、それ以外は、当時のごくふつうの主婦的な婦人である。西洋美術に対する知識はまったく持っていない。それなのに、ウフィッツィー美術館や、ヴィーナスの誕生について解説するのである。私は、長谷川わかがいい加減に言っているのか、その言葉の真偽がわからないから、なんだか中途半端な気持ちだった。

一九六二年当時は、外国——とくにヨーロッパへ行くなんて贅沢なことは、一般には考えられなかった。私の知る範囲では、やっと会社の重役か部長クラスが、アメリカやらに特別の商談に行くぐらいだった。ビジネスで行く専門の人なら別だろうが、ふつうは、ヨーロッパ、イタリアへ観光、しかも、芸術を見るために行くなんて、到底ありえなかったのである。

また、後になってからわかったが、ウフィッツィーというのは、オフィスの語源であって、もとは昔の官庁を集めた建物だった。その古めかしい建造物をそのまま、美術館として使っていた。私がそれを知ったのは一九九七年になってからのことであった。

「ここは、昔から芸術の街、花の都っていわれてきた所らしいわね。空中から見ると、東京だったら屋根がトタン屋根とか、カワラやコンクリで黒っぽいですが、こっちはオレンジ色です。フィレンツェとか、フローレンスとかいう所ですね」

「なぜ花の都っていうのですか？」

「昔っから、ここの市街はそう言っていたみたいね。芸術や文化の中心で、街全体が資産家の保護があって、伝統的な、とても華やかな雰囲気の市街です。きれいな建物の保護とか、芸術の奨励や保護をしてきたのでしょうね。

そばに、大きな河が流れていて、屋根のある橋があります。下側がアーチになっていて、船が通れる……」

外国の映像を簡単に見られなかった時代のことである。高校の世界史の教科書であっても、写真の一枚が載っているでもなかった。そんな時代であるから、言葉だけで理解するのは無理であった。だが、フィレンツェがルネッサンス芸術の中心的な場所だったらしいということを、私は、長谷川わかの視聴能力によって、具体的な形で理解しつつあった。

「わたし、行ったことはないけど、フィレンツェって、昔はフローレンスといったのですって。フローレンスは花って意味ですって。それで、この絵はルネッサンス美術の一つらしいわね。

さっき、この女の人を、《きれいだわ、何てきれいな人だろう、どういう人かしら》って見とれていたんですけど、この人は、当時ここの街で一番きれいな女性だった人ですって。わかりやすく言えば、「ミス・イタリア」とか、「ミス・フィレンツェ」に当たる人なのね。

その人が、上品に優雅に歩いてきたのです。絵じゃないわ。生きているモデルの本人が、こうやって――」

《ヴィーナスの誕生》の本人が歩いている格好を、長谷川わかは真似してみせた。

「――歩いているのを、わたしは見たのです」

◇ヴィーナスのモデル

「その女性が、颯爽として、上品に、優雅に、天使みたいに全裸で歩いてくるのです。きれいな身体ですよ。よく、絵みたいにきれいって言いますが、そうじゃないわ。絵より、本人のほうがきれいです。あの絵になっているよりもっとずっと、こう言ったら絵かきさんにも美術館にも悪いけど、絵よりもきれいでした。そういう人が歩いていたの。

髪の毛はふつうより長いぐらいです。四十センチぐらいかしら。風でさっと横になびいたとき少し見えました。そのぐらいの長さね。絵ほど長くはなかったです。これはきっと絵かきさんが、そういうヴィーナスの画想にあわせて、髪の毛をずっと膝のほうまで長くして描いたのですね」

「髪の毛は何色ですか？　絵と同じ色でしょうか？」

「金髪ね。絵に描いてあるのと同じ色です。さっき、フィレンツェのアトリエに入って行って、ここのアトリエで支度しているみたい。服を脱ぐまねして、――わたしにはもともと裸に見えていますから、脱いでいるかっこうに見えたわけですけど。

アトリエには画家がいて、この大きい画布が画台に乗せてあります。女性がモデル台に立って、この絵のまん中の人と同じポーズで立って、絵かきがこの絵を描き始めるの。だんだん完成していくのだけど、そうしたら、どっちがどっちだかわからなくなっちゃって、……こっちが本人で、あっちが絵だって思っていたら、反対だったりして、そうしているうちに一つの絵になって、この絵のまん中に固定されちゃったのです」

「そのとき、ヴィーナス本人は、どういう服を着ていましたか？」

「わたしも、当時、どういう服装だったか、ちょっと見てみたかったけど。何も着ていないで歩いていたから……かかえている物も見えませんでした。まわりを歩いていて、彼女を振り返っていた街の人は、昔の外国の古風な服を着ていましたけれど……」

◇ボッティチェリーのアトリエ

「先生、画家は見えますか？」

「……見えています。それで、この画家（ボッティチェリー）は、心の中で、《ボクは恵まれている。このひと、フローレンス一番の美女をモデルにして、ヴィーナスを、青春の女神の絵を描けるのは、とても幸せだ、いい絵を描いて、歴史に残るようにしたい》

そう思って、張り切って描いていたのです。絵かきって、ふつうはやさ男でしょう。でも、この画家は、柔道をやるみたいなガッチリした人です。こういう人が、よくこういう絵が描けるなって思うみたいな……。わたしの主観かもしれませんが、画家は、この息を吹きかけている天使にちょっと似ているの」

もしかして、そこにボッティチェリーは自画像を描きこんだのだろうか。そういう可能性もあるだろう。

「そのモデルの女性の名前はわかりますか？」

「最初、どこかのときに、女性のきれいな声で、『ボッティチェリー』って聞こえたから、チェリーって桜でしょう、この女性の名前かなと思ったんです。でも違いました。画家の方の名前だったのです。このヴィーナスが、画家を『ボッティチェリー』って呼んだのです。女性の名前は、シモネッタです。さっき、この画家が、この女性をそういうふうに呼びました。『シモネッタ！……』って。

でも、シモネッタなんて変だって思いましたよ。日本語じゃ、変なように聞こえるでしょう。……からかわれているのだかわからなくて、すぐにはあなたに言えないでいました。

この画家が、モデルの女性に、『シモネッタ、ポーズ、こういうふうにしてみて……』って指示するのね。

そう言われて、このきれいな女性は『ハイ』と答えて、言われたとおりにしました。この絵にあるのとは違うポーズです」

「どういうポーズでしたか」

「しなをつくって、こういうふうに……絵とは姿勢が反対ですね」

わかは自分の体で「J」の形を示した。

「絵はこうですけど、さっきは逆でした。それで、画家が指示をして、こんどは、この絵と同じポーズになりました。右手で胸のところを隠すみたいにしてね。『ボッティチェリー、これでいいですか?』って聞こえるわ。それで、この女性の心の中では《わたしがモデルになって、愛と美の女神アフロディーテを描くのですって……》って思っているの。心の中で想っているのが、小さく耳で聞こえるんです」

ボッティチェリーのほうが、『寒くないですか? 疲れませんか?』って聞くのに、シモネッタが『大丈夫です』って答えました。

それからは、ずっと長いあいだ黙って描いていたわ。最後にボッティチェリーが『じゃ、すこし、休憩しましょう』と言うので、シモネッタは椅子に休んだのです。毛布にくるまって……。

横長の、ソファーみたいに見えるわ。……それで、シモネッタは着る物も着ないままで裸のまま、毛布にくるまって、毛布の縁を首のところへ寄せて横になっているわ。……何かを、受けとって飲んでいます」

「スープを飲んでいるのでしょうか？」

「いえ、コーヒーみたいな茶色の液体です」

「その飲み物は誰が用意しましたか？」

「この画家です。絵を描きながら、すぐそばの暖炉でお湯を沸かしていたの。湯気も見えました……あっ、これ、おなじ模様です、この毛布！」

「どういうことですか？」

「ヴィーナスの絵のなかで、右のほうから、ちょっとお腹の大きい聖女みたいな家政婦みたいのが女性にかぶせようとしていた布と、彼女が包まっている毛布の柄が同じなんです」

「彼女の身につけているものは透明になっていますから、先生には見えないのでは？」

「見えるのは裾のほうです。この女性の身体の中心のあたりは、見ようと思っても見えませんが、中心のところからずっと離れたところ、毛布の端っこのほうは見えています。その色も模様も、この絵の中の布と同じです。

彼は、女性の絵を描きあげてから、まわりの場景を付け加えていったのです」

《ヴィーナスの誕生》については、視覚に重点を置くべきと思い、ボッティチェリーと議論はしなかった。そのかわり、こまごまとしたことを確認していった。

「その描きあがったヴィーナスの誕生の絵の端っこに、画家のサインはありますか？」

「ありません」

「裏はどうでしょうか？」

「ありませんが、金髪の下に金髪（金毛）が見えます」

「まさか。金色の下に同色の金色が見えるとは思えません。そういうのはないでしょう。もともと、そのボッティチェリーっていう画家が、この絵に描かなかったのだし……」

「でも、見ました。ありのままにはっきりと」

彼女は、相談者側に病気など特殊なケースがあって、それを本人に隠して家族にだけ伝えるという必要のある場合を除いては、絶対に嘘は言わない。

見えるものを見えないと言ったり、見えないのに見えると言ったり、一つでもそういうことがあると、彼女の靈感使いとしての信用がなくなってしまう。だから、彼女はあくまでも、正確に真実を観察しようとして、彼女としての真実だけを言うのだ。私も、それをかくさず記録している。

「先生、……それは、このシモネッタがフィレンツェの街を歩いているときに見えた、もう片方の、その金髪を見たっていうことでしょう？」

「いえ、そうじゃないの。それとは別に、絵の中で見ました」

「絵の、ヴィーナスが手で隠している裏側の絵の具が見えたということですか？」

「そう。この絵の後ろ側に金色の毛があるのよ。ちゃんと金色です」

「それは、絵を透かして、絵の具の下が見えるということですか？」

「それも見えるけど、わたしがいま言ったのは、そういう意味じゃないの」

「じゃあ、ヴィーナスのモデル本人の家へ飛んでいって、自分の裸身を鏡に映してみている、そんな情景ですか？」

「いえ、そうじゃなくて、ちゃんと、この画家が描いている絵の中のことです。この画家は、一度、このきれいな女性、シモネッタの全身のヌードありのままを、そのままに描いていたのです。すべてを全裸のありのままちゃんと描いたの。そうして、女神はちゃんと完成して、仕上がったのです」

「なるほど」

「それで、そのときは、正面から見ていてどっちがどっちかわからなくなったのです」

「どっちがどっちとは？」

「見ているのが、このシモネッタ本人なのか、それとも、この女性を描いてある絵のほうなのかということです」

「どうやって、区別がついたのでしょう」

「はじめ、描き始めは、絵は線だけでしょう。身体のほうは、量感もあって全体が存在している。ずっと描いていっても、上半身ができて下半身は線だけだったりとか、色がまだ部分的に塗ってなかったりとかして、本人と絵の区別がついたのです。

ボッティチェリーが色を塗りはじめていって、全身が輝くみたいに色を塗っていって、立体的に見えるように手を入れていきましたから、どっちがどっちか、見分けがつかなくなりました。

これ、片方が洋服を着ていて絵のほうが裸だとか、それならわかります。両方とも同じであっても、全体を斜めから見ていれば、違いはわかります。片方は絵ですからね……ですが、なにしろ、服を着ていないし、両方かくしていないし、特徴が共通だし、立体的に見えるように絵を描いたわけで、正面から見ればまったく同じですから。

そうしたら、ボッティチェリーは、しばらく絵を眺めながら考えていて、絵の中の女神の金髪をもっと長く下に向かって描き足していって、体を隠したのですね。手もそのとき描いたのです。

ボッティチェリーは、そこのところを自分の手で隠してあげるっていうふうな気持ちで描いていたのです。この手は画家の手の自画像っていうのでしょうか……。だから、ふつうのレントゲン写真じゃ写らないでしょうが、そうやって描いたのですから、そうなっています。もし、将来そういったことまで測れる精密な器械ができればわかると思います」

「髪の毛を描き足す前は、ヴィーナスの髪の長さは、どのぐらいだったのですか？」

「海の水平線のところです。この人のおへソぐらいまででした。位置は前でなくて、背中側ですけどね。手は両方とも、こうして下にたらしていました」


このこと自体は、非常に軽く浅い情報だが、文化史上で不明になっている小さい情報を測定できるかどうかという点では、深く重いテスターとしての意味があるだろう。

その後、赤外線レフレクトグラフィーという装置ができているのを知った。この絵を計測したとして、金毛に金髪を重ねて描いた部分を計測できるのかわからない。しかし、向かって右の空間に、左ももに沿って左手を下ろしている部分は、容易に安全に観測できるだろう。長谷川わかは、これについては「間違いないです」と言った。

物理計測不可能なものを計測できる点で、長谷川わかの特別な脳、靈視聴による計測能力のすぐれていることは疑いない。まったく資料を必要としないのだから……。このことは、たとえば考古学の場合、資料のまったく残っていない、あるいは隠されてしまった情況での調査の場合、非常に便利である。

◎受胎告知のマリア

「いま、《受胎告知》の絵が見えています」

「どうして、そういう名の絵だってわかりますか?」

「『そういう名の絵である』って、わたしの神が、教えてくれましたから。天使とマリアがいます」

「たった今、神が、そういう絵を教えてくれたというのですか?」

「そうです」

「先生、その絵で、天使とマリアは、二人が、どういう体勢になって見えていますか?」

私は、受胎告知を題材にした絵は、どれでも、位置は決まっているとは思っていたが、わざと念のために聞いてみた。長谷川わかは静かに答えた。

「左のほうに、ひざまずいている天使がいて、……『受胎されました』っていわれて、マリアはびっくりしたのでしょうか。立ち上がって、『あら、いやだわ』って言うみたいに、身体をひねっていますね。驚いたのか恥ずかしがっているのか、横っちょを向いて、そっぽ向いたような姿勢で、斜め後ろ向いたみたいに立っていて……。着ている物は、赤のはいった青緑の服……」

「先生は《受胎告知》の絵を見たことはありますか?」

「肉眼で見たことはありません。こうして見せられるのが初めてです。この画家……ボッティチェリーは、この、シモネッタっていう女性に結婚の申し込みをするみたいに、プロポーズしているつもりで、この絵を描いていたのです」

わかは間違っていると私は思った。私はそのとき、受胎告知を描いた絵で、マリアが立っているものを見たことがなかった。同じ題材のものは同じ姿勢になると思い込んでいたのである。

「その聖母マリアは、ほかの姿勢ではないですか?」

「立っています。……座っている……そういう絵もありますが、これは違います」

わかはマリアが「立っている」ことにこだわっている。受胎告知を題材にしたもので、マリアが立ち上がって身体をひねっているものがあったろうか。これまでの実験からして、彼女の言葉が外れるとは思えないが……。

以後私は、《受胎告知》の絵のいろいろなバージョンを、気をつけて見ることにしたが、目にふれるものはことごとく右にマリアが座り、そこへ左からきた天使が受胎を告げる同じパターンだった。二〇〇〇年頃に、ウフィッツィー美術館の資料解説を見たら、《ヴィーナスの誕生》の絵の部屋の近くの所に、レオナルド・ダ・ヴィンチの《受胎告知》が展示してあるようであった。その後も注意して見ていたが、一つとして違ったパターンはなかった。だから、わかの間違いだったに違いないと思って、すっかりそう決めつけていた。だが、二〇〇六年二月に、書店の美術コーナーで画集を探していたら、マリアが立ちあがって妙な体勢に身体をひねっている《受胎告知》の絵を見かけて、そうとうに驚いた。《長谷川わかの超特別な脳は、やっぱり凄い》と実感した。実験から四十四年を経過していた。

説明を見ると、「ウフィッツィー美術館所蔵、画家ボッティチェリー」となっていた。

そして、絶対に自分が行く機会はないと思っていたが、私は一九九七年に、バチカンをみるためにイタリアへ行った。忙しくもあり、事前にまったく地図も案内も見ない旅であった。ウフィッツィーのことは忘れていて頭になかった。

自由行動で、家内が希望したために偶然ウフィッツィー美術館へ行くことになった。

二階の部屋は、展示室にしてはかなり暗かった。どうしてこうなのか理解できずに、絵を見るより部屋の暗いことばかり気にかかっていたが、かつての実験が当たっていたのがわかってきた。驚きながら、壁いっぱいに展示してある《ヴィーナスの誕生》を見学した。一九六二年に、この、《ヴィーナスの誕生》のモデル本人を、靈視したのである。靈視の言葉は一〇〇%合っていた。部屋を明るくしていないのは、名画の色が永く変わらないために保護するためだと知った。

ボッティチェリーが、《いい絵を描いて、歴史に残るようにしたい》と思って描いていた絵は、その願いどおり歴史に残ったのだ。

その美術館あたりの様子は、靈視聴によって聞いていた街の様子とまったく同じであった。


長谷川わかの能力を開発完成させた神がいうには、宗教は別として、能力的に、彼女はイエス・キリストとそっくり同じレベルの強さの靈感があるとしている。病気治しや、内臓透視で病気を発見したり、亡くなった人からの遺言を聞いたり、口のきけない幼児などの記憶を見たり、夫の浮気調査などもやっていたが、そういう個人向けのことでは、靈言を受けた人は喜ぶが、秘する。

こういうことでは、情報的に非生産的でもったいないと思わざるをえない。

実験研究する以上は、学術的で、公にも役立つ客観的な証拠を取りたいと思うのは仕方ないだろう。

主観的でない現象が重要だが、内臓透視については、二〇〇五年ごろ、ロシアの少女がテレビ出演して、内臓透視の実績を示したから、公信力を得たと思う。こうした能力は、X線もかけないし、安全で精度も非常に良い。長谷川わかの場合も、心臓内部など運動をともなう臓器もリアルタイムに3D動画で見えるから、医者と協同していけば、各種の診断などに有益に使えただろう。また、三次元立体映画とか、コンピューターでのバーチャル・リアリティーや3Dテレビが開発されてきて、長谷川わかが眼前にないものをどう見るかということは説明しやすい情況になってきた。

長谷川わかの得意とする内臓透視と比べると、ヴィーナスのモデルである女性が見えることなどは、人体の表面だけの情報だから、彼女にとって朝飯前に簡単なことであった。

◇神が見せようとするもの

もし、長谷川わかが、ミラノとかパリとかそういうストリート・ファッションを霊視したとしたら、街で見るものはどう見えるだろうか。自分はその場所にいないのだから、何か見え方に違いがでるだろうか？

「そういうのは、三次元の映像といっても、舗装した地上を背伸びしているみたいにして歩いているのですから、見える度合いは一〇〇％です。一般の普通の人が自分の肉眼で見るのと、まったく同じです。それで、美女の洋服は〇%です」

「〇%っていうと、忍術みたいに美女の存在が消えるというのですか?」

「その反対です」と、長谷川わかは返答に力をこめた。

「服がまったく見えないっていうことです。だから困るんです。わたしも女ですから、美しい人のファッションを見たいけれども、絶対に見られませんから……。並んで歩いている友達の着ている洋服は見えるのですが、見たいほうの美女の服や持ち物は、ハンドバッグさえも見えないのです。これは、もう、なんとも言いようなく、不思議なんです。その美女自身は一〇〇%肉眼で見えます。

わたしがたとえばファッション・ショーなんかの審査員を頼まれたとしても、だめだってことですね。わたしは、和裁ですけど縫うほうはやっていましたから、服のよしあしはちょっとはわかるつもりですけど、〇×つけるだけで良いからって言われても、審査員は駄目です。モデルって、みな美人でしょう? そうじゃないかしら。それだと洋服が見えませんもの」

そして、長谷川わかは感慨深げに言った。

「ウフィッツィーのヴィーナスのモデルも、絵のヴィーナスも、もう一つの背泳ぎのヴィーナスも、わたしたちの脳の実験、調査に役立つようにって、見えてきてくれたのでしょうか？　今、この絵を主題に調査していたというのじゃないですけど……」

このヴィーナスに関しても、『忠臣蔵』の刃傷の理由を調査していた最中に、劇中劇的霊視が起こったのであった。

私は大学のときに、少しは文化的な知識も得ようとして「美術」を習ったが、一切、絵は見せないで、毎週、「ティツィアン、ジョルジョーネ、ラシーヌ、ボッティチェリー、フラ・アンジェリコ……レオナルド・ダ・ヴィンチ」と繰り返して唱え、黒板に大きく名を書くだけの授業であった。絵を見せない純粋な美学の話で、具体的な話は何もしなかったから、結局まったく何もわからないままだった。

しかし、この日初めて、ボッティチェリーの《ヴィーナスの誕生》から始まって、《受胎告知》を経由して、レオナルド・ダ・ヴィンチ《最後の晩餐》まで、長谷川わかと一緒に見た。生きた講義を受けることができたのである。

というよりも、彼ら、画家もモデルも、絵も、むこうから来てしまった。

幻影を見るというようなものではない。出現者と相互に会話や議論ができるし、打てば響くように、働きかければ、ちゃんと応じてくれる。存在濃度は九〇パーセントで、輪郭は濃い。

こういうことができるのは、西洋美術史や文化史の研究に非常に有益ではなかろうか。特定の絵を指定して、その画家が過去にリアルに絵を描いている様子や、画想、そのときの社会背景や環境などがわかるのである。これによって、絵を勝手に解釈することもなくなる。美術史に具体性が出て、研究者や鑑賞者にとっても有益であろう。

◎長谷川わかという超時空3D人間テレビ

歴史の謎を紐解こうとするときは、証拠資料とされているものが真実なものかどうかも含めて、当事者本人の靈に聞けば良いので、さほど困難でない。

また、長谷川わかが調査できる対象は、画家やモデルや絵に限らない。どういうエリアでも解明できる可能性がある。長谷川わかに発現している特別な脳の性能は、そういうものである。文学者の伝記も、生活も、哲学者のそれも、哲学の内容も、キリスト教の構造も、新旧約聖書であっても、もっとも具体的に、正しく、詳しく知ることができる。世界史のことも同じである。

だが、最低限の予備知識は必要だ。私は、わかがスフィンクスを見てミイラ作製を見て、ピラミッドを造るところを見て、クフ王のピラミッド内部に入り、「絵文字や金ピカできらびやかな調度品や財宝が一杯ある」と語った時、詳細な追求ができなかった。これは未知の室《しつ》なのかもしれないと思ったのみである。その後、日本の古墳、応神・仁徳天皇陵、コナベ古墳（＝神功皇后陵と判明）の霊感調査で、これらは霊媒《れいばい》（神功）―神審者《さにわ》（武ノ内）方式のもと、天照大神以下、七柱の神々の美術・技術援助でできたものとわかった。ピラミッド建設も同様の方式であって、女神イシスの技術援助でできたと判明した。

17——神を記録するこころみ

◇「神様、催眠術にかかって下さい」

I君とは、ある科学協会の座談会で、彼が撮影した写真に泡のような物が写っているという話に私が反論したことから知り合った。

その協会は、イギリス始め、世界の学者たちの超自然科学研究グループに接していた、堅実なグループだった。靈視聴現象の客観性・再現性を確かめるために参加したのだ。

彼は、セールスマンのための教養番組として行われた催眠術の講習を受けたことがあり、人に催眠術をかけたことがあった。私は少し興味をもって、「先生（長谷川わか）にかけてみたらどうだろう」と提案したのである。早速やってみることになった。

I君は、「では、両手をこうして組んで下さい」と、長谷川わかの指を忍術のように組ませた。それから、彼のやり方で、左右の人指し指を離れさせた。

《手を組ませて、人指し指もきつく組ませて、両方の人指し指を離れさせているのだから、指にとっては無理な姿勢だな。だんだん指の筋肉が疲れて、両方の指が近づくのは当たり

前だ、そんなことは、やる価値はない》

私は、様子を見てから、ころあいのいいところで止めさせようと思っていた。

I君は、長谷川わかを催眠に誘導し始めた。

「これから、長谷川わか先生の人指し指が、だんだん、くっついてきます。さあ、ついてきた。……では、目をつぶって、気を楽にしてください。なんにも考えないで、ゆっくりして下さい。私が『あなたの手が上がってきます』と言うと、ひとりでに手が上がってきます。さあ、あなたの手が上がってきます。ほら、手が上がってきました、どんどん、どんどん……」

長谷川わかは目をつぶって、一生懸命、催眠術にかかろうと努力していたらしいが、だんだんと息を押し殺している状態になり、口の横のほうからかすかにフフフと声が漏れだして来たかと思うと、ついに、「アッハッハッハ！」と、爆笑してしまった。

「……頭の中で、『おまえ、一体、なにやってるんだ』って、神様が真面目におっしゃるのだもの。『おまえ、今度、そういうのを習うのか』って、心配そうな声で。目をつぶっていると、意識がどんどん冴えてきてしまって、眠たくなるどころの騒ぎじゃないですよ。わたしは、目をつぶっていたほうが、頭がはっきりしてしまうんだもの」

こんなわけで、I君の催眠術はわかには効果がなかったわけだが、面白がったわかは、彼女の神に催眠術をかけようと言い出した。

「神に催眠術をかけるって？　どういうことですか」

私はわかの言葉に頭がついていかなかった。

催眠術とは、人間が人間にかけるものと決まっている。催眠術を持ち込んできたのは、人間としての長谷川わかを催眠にかけて、どう反応するか、一般人と比べてどう違うかを観察しようとしたのだ。ところが、奇想天外にも彼女は、人間の側から神を催眠にかけようというのである。神は催眠術にかかりうるのだろうか。神が催眠術にかかったらどうなるのか。それはどういう意味をなすのか。

私の心配をよそに、彼女は、さも面白そうに平然としている。

「神様、これから催眠術をやりますから。催眠術にかかって下さい。わたし一人でやりますから。神様、さあ、目をつぶって。気を楽にして……」

——結局、その試みは、神の「大馬鹿ものめ！」という一喝で終わってしまった。

後日、再びその話をした。

「怒られちゃったわ」

「その一言だけですか？」と、I君が口をとんがらせてわかに聞いた。

「ええ、それだけです。そうしたらもう、頭の中が賑やかになってしまって、いろんなものが出るのよ」

「何が出たんですか？」

「いろいろなもの。物とか、事件だの……。あんまり出てくるので、忘れました。

お客様がいらして、用が済んでから、自分でまたやってみたの。『どうぞ神様、催眠術にかかって下さい。わたし一人でやりますから』って。でも、何とも通知がないんです。《おかしいな》と思って、黙ってやっていたのよ。そうしたら、また大きな声で、『大馬鹿者めーッ』って」

「へえ！」

私とI君は、目を丸くした。

すると、突然、わかが大きな声で笑いだし、真っ赤になって両膝を何べんも叩いた。私たちは、また彼女が何か神に言われているのだとわかったが、悲しいかな、我々は霊聴がないから、彼女が神から何を言われているのか全然わからない。

彼女が笑い転げているのを見ながら、私は思った。

《何という素晴らしいことだろう。これは、具体的でリアルを見せ、解説する神と、リアルな預言者である長谷川わかだ。旧約聖書に描かれた神の現れ方はこうだったのにちがいない》

彼女が笑い終わってから、二会話だけ遅れて、私たちは神の発したメッセージを通訳してもらって理解する。

「今、『神をオモチャにしている』って。とてもこれは――面白いけど――おっかないよ……。どうも神様、ただいまは失礼しました」

彼女は、自分の頭の中にいる見えないものに謝った、私とI君の代わりに。

「ですからね、そういうのを、その神の声を他の人にも聞かせたいのよ。できれば日本中、世界中の人に。そうして、優秀な学者に研究してもらいたいの。頭の中に入ってしゃべっているの、どんなんだか見てみたいわね。ちゃんと口をきくんだからね。

『でも、それはできない』って、神様はおっしゃっている。以前にもそう言っていましたけれどね。

『他のものなら目をつぶっていると何でも見えるし、他の人に憑いているものも見える。けれど、神はおまえに憑いているのだから、おまえには見えない』……そうおっしゃっているわ、頭の中で……」

◇神の声を録音できるか

どうやれば、長谷川わかの頭の中で聞こえる〈神の声〉の声を、客観的に物理的に、情報的に、外部の物理世界に導き出して、客観的に人々に示すことができるだろうか。

I君は、発売されたばかりの中型テープレコーダーを、秋葉原で安く買ってきてくれた。蛸の吸盤を大きくしたような、電話機に吸い付けて電磁波を感知して録話できるアタッチメントもあった。

「その、頭の中でしゃべる人に聞いてみたらどうですかね、頭に、この蛸の吸盤みたいなのを付けて、頭の中の声が、テープレコーダーに入りますかって」

彼は、そのつもりで注文していてくれたのであった。

「それは、グッドアイディアだ」

私は彼の奇想に感嘆した。もっと良い方法があればよいが、なにせ例のないことだから、何でもやってみる他はない。やってみてできればよし、できなければ不可能だということだ。

長谷川わかの頭の中の声をしゃべるままに録音できたら、声が実際に存在することをまるで考えられない一般人にも、客観的に示すことができる。

ただの乾板を使って念写した人があるが、そういう部類の音声版という考えだ。声がするのは、頭のテッペンの所から三センチくらい前の場所である。吸盤を付けるにはピッタリお誂え向きだ。そこから、しゃべることによって派生する物理エネルギーが、十分出るかどうかわからない。磁気方式で記録できるかどうかもわからない。だが、やってみるしかない。

彼女は髪をほぐし、一生懸命髪の毛をかき分けた。

髪の毛を全部、櫛で下方に向かって梳かしてもらうと、顔の前にもばさりと髪が垂れた異様な姿になった。

「神は、テープレコーダーって何だかわかるでしょうか?」と、私は言った。

「それは何だって神は知っています。だって、わたしの一度も行ったこともない、全然知らない九州のことまで見えて聞こえて細かくわかるのですもの。ちゃんと神様が、何でも手に取るように見せてくれて、解説までして下さるのですもの。それで、神は一度だって外れたことはありませんから」

「本当ですか?」と、I君が言った。

「それは、一度でも外れたら、わたしは生きている価値がありません。わたしは頭が悪いから、自分の頭で考えても何もわかりません。だけれどその分だけ、神が教えてくれるのです」

吸盤を彼女のテッペンに吸いつけて、私たちはテープレコーダーを回し始めた。

しばらくの静寂のあと、残念そうにわかが言った。

「駄目ですね。『テープには入らない』って、神様が言っている。『磁力線で出ないから駄目だ』って」

予測したことではあったが、磁気テープに神の声は記録されないのだ。

「それは、やはり……、残念だ……」

頭のてっぺんに蛸の吸盤状のデバイスをつけ、そこを中心として八方へ黒く垂れ下がった髪の毛の下から、長谷川わかは言った。

「ああ、早く、頭の中で神が盛んにしゃべっている、この証拠を早く外へ出して下さい。そして、世界中の人に、全部の世の中の人に見せて下さい。そうすれば、すべての人にわたしの神のことがわかりますから」

彼女はそう言って、頭の中から《声》を外に掻い出すように手を動かした。こうやって外に掻い出して、世の中に見せたいというジェスチャーをした。

私たちは、テープレコーダーを巻き戻し、再生してみたが、全然何の音もしなかった。

「テープには入らないのね。わたしには、大きい声で聞こえるけれど……。どうして、わたしの頭は神の声が聞こえるんでしょうね。神の教えてくれたことが当たらなければ、ただの迷いですむけど、みんな当たってしまうから困るのよ。わたしには理解できないの……」

今度は私が音声シミュレーションをやってみようと思った。

シミュレーションなどと言うと格好が良いようであるが、なんのことはない、彼女の耳に突っ込んだイヤホンから、私の声を彼女に聞いてもらって、彼女の内部で話す神の声と、音質、音量などの比較をしてもらおうというわけだ。

私はマイクロフォンを取り上げ、神の声の口真似をして、

「大馬鹿者め、ハッハハッハッハ」と吹き込み、イヤホンを長谷川わかの耳に突っ込んだ。

「うふふ……」

「神の声って、この位の大きさですか?」

「もっと、ずっと威厳のある声ですけどね、わたしに聞こえるのは。今は耳の中で聞こえましたけれど、神の声はもっと頭の上のほうで、頭の天辺のほう……、そこで、はっきりと聞こえます」

◇脳波の測定を試みる

「神がしゃべるときの長谷川先生の脳波なら、採れるかもしれないぞ」と、私はI君を突っついた。

脳波をスキャンして、将来的にその結果をコンピューターで解析できたら、なにかわかるかもしれない。

これには、長谷川わか自身が大きな興味を示した。

彼女は、自分の頭の中がどうなっているのか、神はどうなっているのか、神になぜ人間のわからないことがわかるのか、どのようにして自分に神の声が聞こえるのかということを知りたがっていた。医学者や科学者に研究してもらいたいと、強く願っていたのである。

「人間の脳は弱いけれど、絶えず電流が出ています。頭が働くと電流が変動します。これを取り出して増幅すると、自動記録装置に変化が描かれていきます。これを見て、頭の中がどう働いているか検討するわけです。

質問をして、先生の頭の中で〈神の声〉が始まったとします。すると、先生のふつうのときの脳波と違って、違った脳波が余分に現れるのではないかと思います。神の話しはじめた時点を測定者に知らせるために、合図を決めておけば、脳波チャートに、神の話し始め終わりのたびに、印がつけられるでしょう。そうすれば、客観的に神の声を証明できるかしれません」

カナダの脳外科医のペンフィールドがやった実験では、いろいろな部分に針を刺して微弱な電流を流したが、それをソフトに拡張したやり方で超脳を探るのはとても魅力的な考えであった。

経験ある医師なら、神がしゃべっているときの脳波の波形を見れば、何事かはわかるはずだ。長谷川わかと神が対話をしているとき、異なった二人分の脳波が観察されるかもしれない……。神が何を話しているか、内容までは精密に判断できなくとも、特別のもの、独立の存在を嗅ぎ出すことはできるかもしれない。

私は、彼女に、病院へ行ったとき脳波を取ってもらうように頼んだ。


彼女は、数日後、某病院の脳神経科へ行った。

そこで医者から、いろいろ問診された。

そして、「あなたは正常です。病院で診てもらう必要は、全然ありません」と、言われてしまった。

長谷川わかは、病気だから診てくれと言ったのではない。私が勧めて、こういう超特別な脳の機能を持っているから、それを解明するための準備テストとして、脳波を採ってみてくれと言わせたのだが……。「あなたは、正常以上の何物でもない」と神経科医は言うのである。

「ちょっと血圧が高いが、これは内科の事ですが大した程ではない。こうして問診しましたが、どこもかしこも健康です。精神や脳や神経のほうは、正常以外の何物でもありません。言うことも考えもはっきりしているし、理屈も通っているし、同じ年代の人々と較べて、ずっと頭がいいほうです。むしろ優秀です。あなたは、まったく正常そのものなのに、頭の中で声が聞こえるなんて、そんな馬鹿なことが今の時代にあってたまりますか。気が狂っているのではないか」

「狂っているというなら、余計に診て下さい」

「いや、アンタは正常だ。正常なのに何を馬鹿なことを言っているんだ」

「正常なのに声が聞こえるのです。ですから是非、脳波をとって診てください」

「あなたは正常だ。それなのに病院へ来て、見え透いた嘘を言って医者を騙そうとするなんて、どういうつもりなんですか。脳神経科というのは、ちゃんとした患者さんが治してもらいに来る所なんだ。どこも悪くないのに、嘘を言って脳波を取ってくれなんて、医者を馬鹿にしていますよ」

医師はそう言って、断固として脳波を採ろうとせず、彼女を病院から追い返してしまった。

この医師が、長谷川わかの、神と対話中の脳波をテストしてくれなかったのは残念である。

健康体なのに神経科に来るというのがおかしいということであるから、神経科に来るにしては、あまりにも正常であり、優秀すぎたわけだ。だから、彼女の正常体であることを証明したにとどまってしまった。

記録をのこさなければ、長谷川わかの霊視霊聴の能力が意味のないものになってしまう。それればかりか、ソクラテスの否定警告のみを発するダイモニオンの謎や、二人の聖女の声を聴いて、これらの指図や援助に従ってフランス軍を率い祖国を救ったたジャンヌ・ダルクや、新旧約聖書における神（ヤハウェ）の声、預言者の霊聴の事実も、全くわからなくなってしまう。

◇「神様、カメラなしで写れますか？」

私は、都合の良いときだけ古典物理を利用するのは卑怯だと思い、強い神ならカメラやレンズなしで直接フィルムに写ってもらおうと考えた。

さっそく、さくらフィルム（現在のコニカから発売された国産初のカラーフィルム）とコダックフィルムを買ってきて、神前の一番上においた。神がカラー写真に写るとすると何色になるのだろう。さくらフィルムは当時「肌色賛成」で宣伝していた。

「先生、先生の神に、フィルムに写ってもらって下さい」

「じゃあ、やってみましょう」

長谷川わかは、神前に坐り、私の頼んだことをストレートに頼んだ。するると、神は、『こんな小さな物に……、こんな小さな物に……』と繰り返していると言う。

「それでも、ぜひ、写って下さい」と長谷川は神に一生懸命にそう頼んだ。神は努力していたようだが、最終的には『写らないぞ……』と音《ね》をあげた。長谷川わかの神には姿がないらしい。

ともかくも、カメラなしで念写を試みたフィルムを現像したら、やはり何も写っていなかった。写真屋は、未撮影のフィルムを現像するのかとあきれていた。

駅の売店で買ったフィルムは、マガジンが箱に入ったまま封も開けないで、そのまま神前の板の段に置いたので、フィルムは、マガジンの中で丸まったままの状態だった。はたして、四×五など一枚もののフィルムであれば写った可能性はあっただろうか……。

私は、今度は長谷川わかを、大井町の写真館に連れていった。長谷川わかの写真を撮るためでもあった。もしかして、神が写りはしまいかと期待したのもある。

その店は、珍しく女主人が写真撮影をやっていた。撮影室の床は木の板で、昔からある大きな車のついた写真機にガラスの乾板を入れながら女主人が写真を撮る準備をしていると、

「あら、ご主人がいらっしゃるわ」

長谷川わかが言った。その店で、生前撮影の仕事をやっていたであろう女主人の夫の靈が現れて、自分の妻が健気にも撮影の仕事を引き継いで撮影の準備をしているのを、そばに立って優しく見守っているのが見えたのである。

もちろん、私にも、その写真家の夫人にもそんな姿は見えない。

靈は知情意を持っているので、こうやって現れることがある。かつて私の映像が長谷川わかの玄関に現れたときのように、ホログラフィー映像のように、まるで生きているように、存在濃度九〇パーセントで、長谷川わかにはよく見えるのだ。私は、写真店の奥さんに、長谷川わかにはそういう能力があって、確かに靈が見えるのだと説明した。

「あなたの亡くなった旦那さんが（車のついた大きな海老茶色の写真機の横を指差して）

そこに立っています。等身大の大きさで、生きているように、アリアリと見えているのです。あなたが写真の仕事をやっているのを応援なさっているようだ」

黒い縁の眼鏡をかけていて、とても穏やかな方だと伝えた。

写真屋の女主人である未亡人は、

「そうでしたら、あたし、この仕事やりがいがあります」と、とても喜んだ。

準備ができて、撮影する段になった。

長谷川わかの神は『おすまし！　おすまし！』と繰り返したという。ニュアンスは異なるが、「チーズ！」を古風で上品な言い回しにしたようなものだろうか。長谷川わかの神は、威厳や怒りや、インテリジェンスもあって、また、にじみ出る自然な慈愛がある。他の宗教で見るような、意地悪で、絶対的に頑固な沈黙、敬虔なるリーダーに「神は愛なり、ただ信ぜよ」と叫ばせるようなケースとはすこし雰囲気が違う。

内心、写ってもらおうとした神は、やはり、できあがってきた写真の中に姿がなかった。

18――神に質問できること

◎運の蓄積と増減

昭和三七年（一九六二年）九月ごろのことである。一般のサラリーマンが自動車を持つようになって時間がたち、スポーツカーへの憧れのようなものが拡がりつつあった。私自身も、外国のスポーツカー、ムスタングやポルシェなど、お金があれば欲しいと常々空想していた。

それまでオートバイを専門にやっていた本田技研が四輪車の開発生産に乗りだそうとしていた。そこで、スポーツカーを開発発表し、キャンペーンの一環として、新聞に大きく、「このホンダのスポーツカーの発売値段を当てた人には、一台進呈します」という大胆なクイズを発表した。若いサラリーマンの昼休みは、その噂で持ちきりだった。

私は大学の帰りに長谷川わか宅へ寄り、そういうクイズ当ての質問が許されるか、一般的にどういうことなら神に質問することが許されるかたずねたところ、次のようであった。

・当たることが、多くの人々全体にとって同時に共通の利益のあることなら、当てて欲しいという祈願が許され、また歓迎される。（たとえば、日本古代史の謎を知りたいといった願いがこれに当たるだろう）

・競馬や、宝くじを当てるとか、少数の高額な物を、物欲に支配され争って自分の物にしようとするときは、祈願することは許されない。しかし、年賀ハガキの景品、おまけ程度の物を手に入れたいという祈願は許される。

・丁半ばくちの、お椀に伏せたサイコロの目が偶数か奇数かを当てる、トランプの神経衰弱ゲームなどは、神に頼むまでもなく透き通って見える。しかし、賭博行為の場合は、神靈は人倫を守らせ協力しない。

・温泉の源泉を探す、鉱山を探す、探し物などは制限がない。

・株、証券、投機などの相場の上がり下がりを当てること自体は差し支えない。（しかし、長谷川わかのようにできる靈能者は皆無なので、一般には絶対やるべきでない）

それと関連して、彼女がこれまでに得てきた知識は以下のようなものである。

クジ運に強い人というのがある。外れてばかりいる人がある。これには一定の量があって、人それぞれ決まっている。徳を積むと徳が蓄積されていくように、人生全体における経済的な収支にもそれがあてはまる。

なるほどと思った私は、答えのすべてではなく、一部だけ教えてもらうという条件で依頼した。

「ホンダのスポーツカーが値段あてクイズを始めたので、発売時にいくらで売り出されるか、神に聞いて下さい」

私の気持ちの中に、倫理的な意味で怒られるかもしれない後ろめたさがあった。だから、答えは数字ひとつだけにしてくれるように決めた。

「じゃ、聞いてみましょう」

長谷川わかは、私の内心の心配に拘わらず、ローソクに火をつけて拝みだした。お経が五秒くらいで止まった。

「……神は『ハチ、ハチ』って言ってます。うーん、それしか、おっしゃいませんねえ」

なるほど、四十八万か、五十八万かわからないけれど、完全データを教わってしまうと、今後の私の運がそれだけ削減されてしまう。それを恐れた私は、「なぜ、もう一桁を教えてくれないのですか?」と、神に質問できなかった。

さて、完全な回答を聞くことはできなかったが、八を下の位に置いて、三十八万円から四十八万、……六十八万円、八十万円、……と、生かした全ケースを回答すれば、本当に当たるかもしれないと考えた。だが、ハガキは家に一枚だけしかなかった。私は、回答として八十万円と書いて投函した。しばらく経って新聞で発表されたホンダスポーツの値段は、四十八万円であった。

19——千里眼実験と神との関係

◇ＥＳＰカード実験

昭和三七年（一九六二年）十一月十日、私は長谷川わかの家へ実験調査をしに行った。当時、アメリカのデューク大学において、ライン博士が超心理学の実験を行っていた。一般人を被験者とした、ＥＳＰカードを使った千里眼のテストである。ＥＳＰカードとは、トランプ状のカードで、丸、四角、星型、十字、波形の五種類の図柄が組になっている。そういう能力が人間一般に潜在することを示すためだった。

ライン博士は「人間一般にＥＳＰ能力がある」という結果を得たようだが、私は一般人をテストする価値はあまり認めない。私は、限られた非常に優秀な人を発見して、情報内容本位で人間の情報能力の究極の所を知ることに集中していた。「優秀な超能力者を探して被験者にした実験でなければ意味がない」という考えである。しかし数値データも必要と思い、長谷川わかにもＥＳＰカードを使った実験をしてもらった。

五種類の図形が五枚ずつ、全部で二十五枚ある。これを裏にして、一枚ずつ当てるわけだ。ふつうは勘にたよることになるが、わかの場合は靈視でやる。その答えを記録し、全部で幾つ当たったかを調べる。全体の結果を統計し、数値による超能力強度評価をするのだ。

私は、テーブルのある茶の間で、一対一で、神抜きに、生物学的人間としての彼女をテストしようとしていた。しかし、意外にも彼女は早速神前に行き目をつぶり、人差し指を二本立てた。彼女は、何事でも神と切り離せないらしい。

すぐに、神が出てくる。

「これから、わたしのESP能力をテストします。宜しくお願いします」

私が黙って、図形を書き込むための表の線を引いていると、彼女が声をかけてきた。

「なんだか、丸や、四角や、星なんかがずっと見えてくるんですが、そういうカードですか？　川みたいにユラユラしているのやら、十字も見える」

私はまだ、彼女にカードを見せていなかった。内心驚きつつ、取りだしたカードを裏返しのまま一〇〇回切って、テーブルの左方に積んだ。一番上のカードを手に取る。カードは裏にしたまま、私もその内容を見ることはない。

「これは、何ですか？」

五メートル離れた彼女の背中を見ながら、私はたずねた。彼女は、神前に座したまま、こちらに背を向けたままでいる。

「十字ですねえ。わたしには十字が見えますけど。当たっている?」

このテストは、一枚ずつの答え合わせはしない。

「いや、私も見ていません。全部終ってからいっぺんに見ます」

今のカードをテーブルの右に置き、回答欄に+を記入した。二枚目のカードを上にかざした。この実験場には、二人のほかはたしかに誰もいない。

「次、これは何ですか?」

「丸ですねえ、丸!」

私は三枚目のカードに手を伸ばした。

「今度は、四角が見えます」

かざす前から見えている。……。

またカードの種類をたずねようとしたが、彼女は、立ち上がってこちらへ歩いて来てしまった。

《おや?》と怪訝に思っていると、彼女はこんなことを言った。

「目をつぶってこうしていると、いまあなたが出そうとしている星型がはっきり見えるのよ。それから、その次に出すカードも、その次のも、ゆらゆら目の前の空間に浮かんできます。ですけど、神が『もう、その実験はやめておけ』とおっしゃるのよ。あなたが生徒になって、わたしが先生になって、あなたをテストするのなら良いとおっしゃるの。素人が神を試すのはいけないということなのでしょう」

そう言われて、私は、アーベルだったかガロアだったか、若い数学の天才が、学校を受験するときにあまりに易しい問題を出されて癪に障って、試験官にチョークをぶつけたという話を思い出した。

靈感もない、当てる能力もない素人が神を試すなど、けしからん、馬鹿にしているというのだろう。外れると困るからやらないというのではない。

二十五枚一組のテストを、五回繰り返すはずであったが、テストはそこで終わりになった。

「反対されては、やるわけには行きませんね」

結局、この方法で試験したのは十枚限りであった。全部当たっていた。

おそらく、五回全部やれば、全部当たったであろう。その自信が長谷川わかにも私にもあった。こういう場合は、トランプの神経衰弱ゲーム式にやるのが良かったと気がついたが、後の祭りである。

神経衰弱ゲームでは、裏返ししたトランプの表がわかには全部見える。

私は、こういうことが質的に可能であるか否かのみだけを、方法論的に確かめたいと思っていたのであるが、神から止められたのではしかたない。素直に止める事にした。超心理学の研究をしている人は他にもいるだろう。取り敢えずお任せしておこうということにした。

◇神の存在証明

長谷川わかとの共同作業では、靈的現存在に対して懐疑の目を持ったり、必要以上に客観的であろうとしたり、あまりにも冷静に、クールに考察していたのでは、かえってはかどらなくなる。いちいち、心の中でブレーキを掛けていたのでは、神の教えてくれた客観的に正しいことを、十分に確定しにくくなってしまう。

たとえば、犯罪事件を靈視したとする。それが当たれば、神が解いたのだと内心ではわかる。

しかし、犯人に逃げられてしまうと、神の予言が当たったということを証明できなくなってしまう。〈神〉という変数が不確定になり求められなくなってしまうのだ。

私は、人間のもつ超脳の働きについて、その仕組み・メカニズムを調べたいと思っていたのだが、どうも、当てごとにのみ駆り立てられる不本意な状態に追いつめられていた。当たることは確認できている。もはや、長谷川わかの超能力が当たることを証明する行動はまったく不要である。

　だが、神の声が現実に存在すると社会に公開することは、現実の世界を人間が正しく理解するために必要だろうと思う。

　私は、神と長谷川わかと私の共同作業、共同探求を効果的にするために、神という言葉も忌み嫌わず使うことにしようと決めた。この神というものは、長谷川わかと話していると、どうしてもあると思わざるをえない。長谷川わかの頭の中で話すもの＝霊的存在〈神〉のことを、人間と同じように生きていて、脳がないのに優秀な頭脳と記憶力を持った、非凡な見識のある、格調の高い神人格、尊敬すべき、親切心のある透明人間だと思って交際することにした。

　長谷川わかとの会話でも、神という存在に対して心のなかに設けていた防壁も取り外し、神――長谷川わか――私の間で良い関係を持つように、積極的に心がけるようにした。

20——感電恐怖女のラジオ・テレビの直接受信

◇長谷川わかにとって恐ろしいもの

長谷川わかにとっての恐怖は、殺人犯に襲われることである。

犯罪を霊視し、犯人を霊感で見つけた場合、逮捕された犯人が出所後に殺しに来ることを恐れた。そのために、マスコミでもてはやされたりすることが嫌であった。「長谷川わかは犯罪人にとって恐ろしい存在だ」「警察に追われないためにも、長谷川わかを生かしておけない」と見られるのをひどく恐れたのである。

それで、長谷川わかは、犯罪捜査にかかわらないように、師より警告をうけていた。

また、政治、外国関係のことも、その国の人が決めることで、一般人は干渉すべきでないという考えから手がけていない。

そのほかのことで彼女が恐れるのは、電気と雷である。彼女は、いわば電気の超良導体である。

霊感が出てからというもの、台所で電灯のスイッチを入れようとすると、ビリビリビリッと強く感電するのだ。妹や他の人は何でもないのに彼女だけが感電する。どうも特殊体質に変化しているらしい。まるで濡れた手で電源にじかに触るように感電する。

だから電気器具は、白黒テレビ以外持っていなかった。ラジオは、器械がなくとも直接聞こえるから必要ない。

電気洗濯機は、自動であっても、湿った洗濯物を手で取り出すときにビリビリと感じてしまう。電気掃除機もそうだから使うことができない。掃除には座敷箒と塵取りを使う。長谷川わかの神経系は、電気、電圧、電流に特別に敏感なのだ。単なる物質としての電気伝導でなく、神経ルートを通じる伝導なので、全身すばやく、脳までも強く感じてしまう。

雨の日など、雷が落ちると、遠くであっても光るときに頭の中がピリピリピリリと感電する。雷がどこかに落ちるたび、彼女の頭の中は猛烈に感電して、死ぬかと思うほどである。そんな日は、電気関係のスイッチはおいそれと触れないし、電灯も人につけてもらう。だから、誰もいない、誰も来ない日などは、暗闇のなかで茶碗を洗ったりしている。私が訪れた際も、家が真っ暗闇だったことが多い。

空でゴロゴロ雷が鳴っている間、わかの頭はビリビリ、ピリピリ、とおさまらず、彼女は、蚊帳を張った寝室のベッドの上や畳の上で、布団を何枚も被って頭を抑えて苦しむのである。

その間は神は出て来ない。

だから、わかが神に《あとどのくらい時間が経てば雷が治まりますか》という質問をすることは絶対に不可能である。

◇ラジオの直接受信

長谷川わかは、ラジオ放送なら、NHKの第一放送、第二放送から、いろいろな外国の短波放送などが直接聞こえる。ベルリン・オリンピックの実況放送はそうして聴いていた。

「ラジオの声は、どこで聞こえますか?」

「左耳のこの辺ですね。ラジオやテレビの音が聞こえるのは」

彼女は、左の掌を膨らませて、耳たぶのすこし下側をやんわりと覆うように示した。

「今でも、時々夜中なんかに、耳もとでラジオの放送が聞こえるけれど、以前ほどうるさくなくなりました。以前は、夜中に寝ていると、NHKやら外国の放送が夜中じゅう聞こえて、うるさくて眠れないことがありました。外国の放送は、声はよく聞こえても、何を言っているのか外国語がチンプンカンプンです。日本語の放送はよくわかるから聴いています。旅行へ行くときなんか、天気予報を聞けるので便利です。アナウンサーの声は、はっきりしているからとてもわかりやすいです。

昼間は、見てもらいにくるお客さんが後を絶たないので、テレビのニュースも見られません。新聞は……わたしは字が読めないので、全然わかりません。でも、夜寝ているときに霊感のラジオで一日のニュースが聞けるから、ちょうど良い具合です」

ラジオは、電磁波の環境のせいか、夜間の静かのときのほうがよく聞こえるという。こういうあたりは、物理に即している。

◇人間テレビ

あるとき、彼女がテレビの前に座っていると、テレビの走査線が画面に現れて、しだいにはっきり映ってきた。タイトルが始まり、テレビに出ている男や女の役者の声もはっきりと聞こえている。恋愛映画であった。とても面白い成り行きだ。やがて、男と女が互いに接近して、愛の告白をする場面になった。

面白がって、《アレヨ、アレヨ》と見ていた。長いこと見て、トイレへ行こうとして立ち上がろうとしたら、実は自分がベッドの中にいて、自分の身体は今までずっと寝ていた事に気がついた。

《あらまあ、寝ているのに眠れないから、こんな事をやっているんだな》とベッドから起きて、いつも見ている茶の間のテレビのほうを覗いてみた。テレビの電源は消してあった。自分が今まで座っていた形跡もない。時計をみると夜中の一時であった。してみると、ベッドの中で眠りながら夢の中でテレビを見ていたことになる。

トイレの窓から外を見ると、裏の息子が、夜中なのに窓を開けっぴろげてテレビを見ている。息子がみていたテレビの画面は、今の今まで自分が見ていた恋愛映画であった。男役のほうも女役のほうも、今まで見ていたのと同じ、さっきのプロポーズの続きを展開していた。

この現象が彼女に起こった翌日、私が面白がって、そのメカニズムを考えていると、神が『人間テレビ・長谷川わかだ！』と、彼女の頭の中でコメントした。

テレビのことは神が大いに関与し、制御しているのだろう。ラジオもテレビも、彼女の特別の脳が電磁波を直接に受信しているのだ。わかは、感電、雷で靈感が阻害される。逆に言うと、電磁波など物理現象と直接的にかかわっていると言える。おそらく、携帯電話のミニアンテナのようなものが彼女の脳内に形成されているのだろう。

◇カラー靈視聴

前述したテレビの見え方は、夢と混ざってわかりにくいが、この後は、ラジオと同じように直接受信するようになった。紅白歌合戦の放送を、長谷川わかはベッドの中で見る。彼女は白黒テレビしか持っていないが、靈感で見るとカラーである。

ベッドで上を向いて寝て、目をつぶったまま靈感でテレビが見えるから、楽であることこの上ない。有名な寺院などで鳴らす除夜の鐘の中継、元日の早朝に放送される富士山頂の初日の出、早朝の明治神宮などでの初参りの実況中継、篳篥《ひちりき》の演奏に合わせて舞われる雅楽などを、わかは楽しみに見てきた。

――念のために、テレビを無装置で受信したら、NHKの受信料はどうなるのか、たずねてみたことがある。テレビを視聴する場合、一九九七年の段階では、少しでも映像受信したら有料だということであった。

「じゃ、器械なしで受像したら、盗聴になりますか?」と聞いてみた。

「それは不可能です」と言う返事であった。一般には確かにそうだろう。

21――神の言葉を伝える道具

◇能力の源泉たる長谷川わかの「神」

神である。超大脳スピーカーであるところの神が長谷川わかに常にアドバイザーとしてついていて、彼女に靈視、靈聴を可能ならしめているほか、彼女が靈視聴した対象、その内容についても、解説やコメントをつけてくれる。

「よっぽど、わたしは馬鹿ですね。こうやって、神に教わらなきゃなにもわからないんだからね。

ああ、『おまえには、強い断食をさせて苦しめたから、許してやる』だって。今、わたしの頭の中で。本当に、わたしはぼんやりだ。神がおっしゃるとおりです。教えてもらわないと何にもわかりません。

息子にも嫁にも、妹にも言わなかった、あなた以外に誰にも言わなかったが、アメリカのケネディ大統領が殺される時も、神が『さあ、誰が死ぬのかな。日本で日本人が死ぬのかな。日本でアメリカ人が死ぬのかな。アメリカでアメリカ人が死ぬのかな。アメリカは人口が多いから人が死んでも不自然なことではない。アメリカの大統領が病気で死ぬのかな。……そうではない。殺されるのだ。これは、アメリカでアメリカの大統領が殺される殺人というのかな。神は教えない』と言ったのです。でも、『さあ誰が殺されるのか、どうしているときに殺されるのか、神に頼らず自分だけの霊感で当ててみろ』と試験されても、わたしは自分だけでは何もわかりません。神が、『ケネディが殺される』と言うのならその通り殺されるし、『殺されない』と言うのなら殺されないのです。神は実際には、『殺される』と言ったわけですから、それ以外のことをわたしは言えません。

わたしの神は、予言をはずした事はないわね。みな神が言い当てて教えてくれるから、その通り人に伝えるだけで、わたしの単独の力ではありませんよ。わたしでなくて神が予言するのです。

未来がどうなるか、過去がどうであったか、そういうことを見るとき、わたしは、そうね、道具に過ぎないのですわね。だからただ聴いていますよ。すると、立体的に見える絵(三次元映像)やら、神による説明が出てくる。神様が何でも教えてくれるから、わたしは余計に馬鹿になってしまうのですね」

そういってわかはまた、おかしそうに笑っている。私には何も聞こえない。

「『馬鹿になったんじゃない。生まれながらにして馬鹿じゃないか』と言ってます」

神は教えないと言った時、こう続けた。

「何故ならば、関東川越城「川越の夜戦」で負けて、入間郡地中の参謀本部で鎧を着て座亡した武将ミイラ二体を、掘れというのにおまえは掘らないではないか。神戸に来る大地震も人に教えなさいというのに伝えない。神は怒りを感ずる」（わかは、大地震の情報を聞いた際、息子〈某大教務課長〉に託して、神戸市役所へ電話させると言っていた）。

そして、神はわかに命じて門の塀に窓を造らせ、直径二・五センチ、長さ九〇センチ程の丸い細長い棒を、注意色である黄色い袋に入れ、飾らせた。工事は立川の代島大工、展示は息子が意味不明のまま用意した。

大統領がアメリカ南部ダラスでパレード中に狙撃された後、神は言った。

「大統領暗殺の事（予言は九月十一日だった）は、言いたくとも言えぬであろう。だから、神は凶器の銃身を模して門に飾らせたのだ。こうしておけば前の自転車屋の店主もよく覚えるし、始終通る碑文谷警察と大岡山交番の警官も見る。サラリーマンも工大の学生も毎日見る。そして、テレビで報道を見て、《ああそうだったのか》と皆気がつくから、事件がこの門の中で確かに予言されていた証拠になる」

その一方で、わかは犯罪を見るなと、新田の先生から何百回も禁じられてきていた。さらに、事件の余波でわかの命に支障があると、一九九五年に来る阪神淡路大震災の予言通報、市レベルでの事前耐震事業計画に対するフォローができなくなってしまう。それでわかは神に、《ケネディの件、一切私達に教えないで下さい》と祈った。神は「教えない。神に二言はない」と応じた。

22——超脳コンピューター「長谷川わか」

◇名を残したい

ある日、長谷川わかは「わたしは名を残したいのよ」と言った。

「わたしほど、霊感の修行した人はないのです。人の十倍もやって、強い霊感が出たのです。頭の中で神の声が聞こえる、人間の知らない遠いところや未来や過去の事がわかる、こういうわたしの脳を世界中の学者に研究していただきたいのです」

「忠臣蔵」でも、ルネッサンスの画家ボッティチェリーでも、モデルのシモネッタでも、レオナルド・ダ・ヴィンチでも、だれとでも連絡のとれる脳である。「髪の毛と髭が続いてしまっている人」(マルクス)が、東西ドイツ統合、ソ連の崩壊を予言したこともあった。

カナダの脳外科医のペンフィールドは、患者の脳手術にあたって、脳の正常な部分と悪い部分の範囲を確定するために、患者の脳に微弱なテスト用電流を流す方法を使った。電流を流してみると、患者はかつて自分の体験した生活の断片をリアルに再体験した。それは視覚、聴覚が働いているのとほとんど同じようで、食事の場面で、妻とある事について話していたり、音楽が聞こえていたり、外で鳥の鳴き声が聞こえていたりといった情景を、バーチャル・リアリティーのように再体験したのである。

だが、これはあくまでも、その患者本人が過去に体験した内容である。

これに対してわかの場合は、脳手術とは関係なく、こういうことを見たいと神に念ずると、覚醒状態のまま、私と立ち話をしながらでも、彼女の視聴覚は超時空へ飛んで、あるいは三次元の動像がやってきて、他人の経験をウォッチできる。

さらに言えば、当事者と会話ができる。大石内蔵助や浅野内匠頭、ソクラテス、イエス・キリストなどである。視覚と聴覚が3D映画のようにシンクロするのだ。キリスト教の大天使ミカエルや聖母マリアも半年間にわたって空中高く出現したことがある。

長谷川わかは、そもそもノイローゼを治すために神を拝んだだけだ。だが、病気が治ったのとひきかえに靈感が出てしまった。自分の口を使って神が大声で話し、自分の体が勝手に舞い、外国人女性オペラ歌手が憑り移ったりする。そうかと思えば、人の病気をジャンジャン治し、死ぬ運命の胎児や赤ん坊を助け、警察の犯人捜査に協力し、神の代わりに揮毫させられたり（神が長谷川わかの身体を使って靈書をする）、株価の上下を当てるなど、いろいろなことをさせられた。

そういう事実が、この世の中に本当にあったのだと、自分において発現した内容がどんなものであったかの記録を残したい。そして、そういう脳を医者や科学者に研究してもらいたい、ということであった。

◇口々に語る「靈」

私は、記録していく上で「霊」という字を使うのに抵抗があった。だが、冷静に観察してみると、長谷川わかの中でしゃべる者には主体性がある。その神は人間よりはるかに賢いのだ。実存の強度も、人間と同じくらいに強い。その名もなき何物かは、長谷川わかにとって、自分自身以外の全くの他者である。

しかも、そのしゃべる者は一人（一柱）だけではない。それらを、私がどのように名づけることができるだろうか。何か記号をつけておかないと、自分でも不便だし、長谷川わかとのコミュニケーションにも不便である。彼女からリアルタイムにデータの集積をしたい私にとってもどかしいことであった。

それで「神霊」という言葉を避けて、「そのしゃべるもの」と仮称してみたりした。だが、結局「霊」という字が一番しっくり当てはまるのである。

現在使われている「霊」という字では、象形的意味が見えない。「霊」は口を閉じている。霊の古い字体、「靈」という文字ならばどうだ。これなら、具体的に意味がよく見える。「靈」という字は、雨かんむりの下に口が横に並んで三つある。その下は巫子の巫という形である。昔、靈は天（アメ）の領域に属すると表された。天の領界に属する者、神靈や心靈たちが、記憶力と意志と知性を持って、口々に語り、口々にしゃべる。これを「巫」というふたり組の装置で、言語によって受話する。

心靈現象のうち、神靈との問答を主とし、神靈に伺いを立てる日本的降靈実験では、靈媒（靈を自己に憑依させてしゃべらせる、特異脳体質の人間）は気絶して無意識状態になり、生きてはいても忘我状態、もしくは睡眠状態になっている。その人間の神経機構に、他者である靈的存在が自我意識を入れ込んでいく。神靈はこちらの話を聞き取って応答し、神審者が質問することで、会話が成立する。してみると、長谷川わかは神審者と靈媒の一人二役をなしている。三位一体という言葉もこれによくなじむものだ。

絶えて論ぜられないが、古代中国にも「神靈との対話現象」があった（聖音）。そして古代エジプトにも、古代の南米（ナスカなど）にもあった。邪馬台国の卑弥呼も同じ対話方法であった。

これらは、天照大神の配下の女神達、男神達から、ほぼ実践的に、じっくり教えられた。

男神達は表筒男《うえつつのお》、中筒男《なかつつのお》、底筒男《そこつつのお》（住吉三神）である。

◇人類の知識向上のために

今後、将来に向かって、素晴らしい映像機械ができていく可能性がある。デバイスの実験研究をしていって、どんどん電子化、マシーン化されていく。そういう開発検討の段階において、長谷川わかの脳の観察データが参考として有用になるときが来るかもしれない。

彼女の神経システムや脳は、非常に強く感電する。電気掃除機、電気洗濯機などの電気製品をいっさい使えないほどである。雷が鳴ると脳が感電して苦しみ、霊感も出なくなる。私はそこに、超レベルの知能活動と、ごく普通の物理学的な現象との接続、つながりを見た。

超脳型コンピューターへのデバイス開発への参考にと考えるのは、これがあるからだ。不可能なら不可能だという証明でよい。失敗しようが、少しでも人間にとって新しい知識を得ることができればよい。それを私のフェイル・セイフとしている。

おわりに

私は、長谷川わかにおける超脳の事実を実験しながら記録したが、はたしてそれがノンフィクションとして通用するか確認する必要を感じた。そこで、入江曜子氏の講義する朝日カルチャーセンターのノンフィクション講座を受講したところ、構成や書き方などをしっかりすれば、十分にノンフィクションたりうるとの評価をいただいた（ただし、非才の故、ご指導が反映されていないことを恥ずる）。御礼申し上げます。

出版にあたり、本稿を採用してくださった、たま出版社長韮澤潤一郎氏、編集に携わってくださった専務中村利男氏に感謝申し上げます。

二〇一一年三月一日

白石　秀行

長谷川　わか（はせがわ　わか）

霊感師、霊感業鑑札（警視庁試験）碑文谷警察印
一八八九年生まれ　埼玉県出身　元外交官夫人。

一九二九年より霊感が出る。

十種以上のマルチ霊感を持つ。

大脳（補足運動野）上言語野において神のスピーキングがある。

歴史上の人物が出現し、会話でき、往時の歴史の謎を直接聞くことができる。キリストとはテレパシー会話が主。

超時空かつ超生死の双方向霊視聴ができる。

☆長谷川わか主要実績の一部（順不同）

・第二次大戦開戦予告（聖母マリア）
・太平洋戦争開戦予告（大天使ミカエル他二天使）
・太平洋戦争終結予言的霊視
・広島長崎原爆投下予言的霊視
・東西ドイツ統合、ソ連崩壊予言（マルクス霊）
・巨人・阪神戦等スポーツ優勝チーム予言的霊視
・阪神淡路大震災予言（神による予言。後に、人間としての体感的予言）
・ケネディ・アメリカ大統領暗殺予言（一九六三年九月十一日）
・ラジオ・テレビ装置なしで直接受信
・報道前にニュースを知る（霊視聴）
・自分の試験の時に、問題と答えを知る
・霊唱（外人女性オペラ歌手霊が憑依して唱う）
・鍵アケ（霊感で番号を知り、デジタル鍵をあける）
・浮気調査（浮気現場を霊視聴）
・変貌（顔つきが出現した霊の顔になる）
・五十日間の完全断食の後、霊感が強まる
・水戸黄門の生まれ変わり（掌に葵の紋、ももに火傷のあとが出る等）

■神功皇后の実績

　神功皇后は生涯、東アジアの平和のみを願い尽力したが、当時の国際情勢により、すべて秘したため、現代人から全く誤解されている。

　たとえば、高句麗等に攻められ国が亡びそうになった百済が、倭に救いを求めた際、神功は他地域をカバーする倭軍とは別途、百済兵のカゴに乗り、対高句麗戦の第一線近く（朝鮮半島の奥・ソウルより北）に、たった三人で出動し、軍事をなした。霊媒―神審者システムにより、天照大神以下七柱の神が、神功が失神して出現し、神は空中から全体的戦況が見える

ので、百済各隊からの伝令に敵の情況を教え、軍令を出した。

かくして、百済は対高句麗戦に勝った。肖古王が遠識があり軍神だったというのは、実は神功のことなのである。

記念として、百済王世子（王子）は七支刀、七子鏡を造って王に捧げ、お礼に同じ物を倭に持ってきた。七支刀は石神神宮、七子鏡は応神天皇陵に納められている。七子鏡は、百済に謀反し反乱していた七国を平定して百済に贈呈したことへの領収証である。七支刀は、倭から韓国へ宝物をとりに行ったとの誤解をさけるため、神功が折った。

白石秀行（ペンネーム）（しろいし　ひでゆき）
技術士（情報工学部門）文部省科学技術庁資格（情報工学コンサルタント）
一九三二年東京生まれ。
千葉大学文理学部で物理学、経済学、哲学を履修し光学会社へ入社。
勤務と平行して東京都立大学理学部数学科に学士入学。
応用数学、人工知能、理論物理学を学習研究の後、一九六四年～一九九二年までコンピューター会社に勤務。
一九六四年東京オリンピック大会競技技術員
一九七一年～一九七九年　情報通信学会会員
〃　計測自動制御学会会員
〃　人工知能学会会員
一九七四年～一九八〇年某大学医学部非常勤講師（脳とコンピューター、医学のためのコンピューター応用）
二〇〇〇年前後東京工大大学院にて脳システム、人工知能、バーチャルワールド等について知識更新。
二〇〇三年『超脳忠臣蔵双方向霊視聴考言』を白石爛乃というペンネームで発行。
二〇〇四年『超脳霊視聴忠臣蔵松の廊下』上下をたま出版より発行。浅野内匠頭―大石内蔵助―長谷川わか―筆者の四者会談により従来永遠の謎とされてきた刃傷の理由を完全解明した。七支刀、七子鏡も解明。一九六二年世界最大の地上絵発見。
●主な論文
自動化機械制御システム開発の一般理論
数式処理言語
BMプロセッサーの製造装置工業への応用（オンデマンド連立方程式解を含む）
企業意思決定システム
DB応用開拓
生産管理システム
ヒューリスティック・プログラムによる生産計画
地震対策システム1977　他

超特別脳　長谷川わかの霊視検証

2011年４月12日　初版第１刷発行

著　者　白石 秀行
発行者　韮澤 潤一郎
発行所　株式会社 たま出版
〒160-0004　東京都新宿区四谷4-28-20
電話　03-5369-3051（代表）
http://tamabook.com
振替　00130-5-94804

印刷所　株式会社エーヴィスシステムズ

乱丁・落丁本お取り替えいたします。

ISBN978-4-8127-0320-5 C0011